遇见欧洲遇见童话

YUJIANOUZHOU
YUJIANTONGHUA

魏无心 ◎ 著

中国地图出版社

图书在版编目（CIP）数据

遇见欧洲，遇见童话 / 魏无心著 .-- 北京：中国地图出版社，2016.3

ISBN 978-7-5031-8958-6

Ⅰ.①遇… Ⅱ.①魏… Ⅲ.①旅游指南−欧洲 Ⅳ.① K950.9

中国版本图书馆 CIP 数据核字（2016）第 000261 号

责任编辑　　于至堂
审　　校　　王　毅
出版审订　　余　凡

遇见欧洲，遇见童话
Yujian Ouzhou Yujian Tonghua

出版发行	中国地图出版社		
社　　址	北京市白纸坊西街 3 号	经　销	新华书店
邮政编码	100054	印　张	18
网　　址	www.sinomaps.com	版　次	2016 年 3 月第 1 版
印刷装订	北京画中画印刷有限公司	印　次	2016 年 3 月北京第 1 次印刷
成品规格	170×240mm	定　价	48.00 元

书　　号　　ISBN 978-7-5031-8958-6
审 图 号　　GS（2015）2990 号

如有印装质量问题，请与我社发行部联系，联系电话：63533909，如有图书内容问题，请与本书责任编辑联系，联系方式：dzfs@sinomaps.com。

前言

打开童话书，让我们去欧洲

Lonely Planet 的创始人曾经说过一句流传甚广的话："关于旅行，当你决定出发的时候，最困难的那部分就已经完成了。"

而于我来说，"决定出发"从来就是一件不曾犹豫过的事情，真正困难的，倒是"去哪儿"。

十多年前，2002年秋天的一个清晨，我拖着自己那个巨大的绿色polo箱子打开家门，在关门的一瞬间回头望去，门内是初升的朝阳照进窗户，给那些熟悉的桌子、椅子和沙发，都涂上了明晃晃的一层金色。

那是我第一次离开家独自生活，一去就是一万公里，目的地是法国。几年后我又拖着这个绿色箱子回来，风尘仆仆，身心疲倦而又对未来充满希望，从此开始人生的另一个阶段。

自欧洲归国已经多年，我却始终没有机会再度重返。因为工作，因为需要陪伴家人，因为假期总有这样那样的安排……而当2012年我将中欧作为自己再至欧洲的目的地时，仿佛人生又开始了一个新的里程。

从那以后，欧洲，一次又一次成为我长途旅行的目的地。德国、奥地利、捷克、法国……未来或许还会重返意大利、西班牙、葡萄牙，乃至去往以前还未曾踏足的东欧、北欧。

那些自儿时开始就学习过的欧洲绘画，读过的故事书；那些曾经作为我大学毕业论文选题的希腊神话；还有黑白电影里的王子与公主们的场景，在我不断踏上欧洲国度的时刻，仿佛都忽然成真，逐渐清晰，而后，成为我自己的故事。

这本书，是我总结自己最近几次欧洲旅行而整理完成的，曾经，它们零零碎碎地在旅游论坛、我的个人博客上出现过，得到过许多素不相识的网友的追读与肯定。有一位网友给我的留言让我至今印象深刻：

"我一家追了你的帖子半年，终于于8月1日至28日成行，自驾行走慕尼黑—班贝格—柏林—德累斯顿—布拉格—卡罗维发利—克鲁姆洛夫—维也纳—布达佩斯—格拉兹—布莱德湖（斯洛文尼亚）—哈尔施塔特—萨尔茨堡—菲森。所幸一帆风顺，圆满回来。

本想从你的帖子里剪贴出一些咨询类信息，但实在舍不得你写的那些优美小文，特别是布拉格、德累斯顿的一些历史，于是我们把你写的文字录在手机里，一路上用车载收音机，在开车途中播放出来。

真的非常感谢你。

我们一路感慨，走的路多了会疲惫，看的景多了会审美疲劳，找景点、搭公交是体力活，你们怎么能有那么大精力、那么好兴致和那么多积累，如此热情地去游览、感悟并付诸笔墨？

真的非常佩服你。

在CK小镇，我们按图索骥找到小广场旁边的小餐馆，点了猪膝、烤鸭、啤酒吃，又来了一队成都人，欢呼雀跃地点菜吃，一交谈，大家都是在天涯看了魏无心的帖子找到这里来的！

我想，正是因为这些诚挚交流带给我的巨大成就感与满足感，支持着我巨细靡遗地记录下每一次欧洲旅行的一点一滴，并且努力将我所知道的那些"景点背后的故事"带给大家。

旅程从未结束，我依然憧憬着不久之后的某一天在意大利的葡萄园醒来，或是重返诺曼底绵长的海岸线。

下一次旅行就在眼前。让我们一起出发吧，去遇见一个新的童话！

目录 contents »

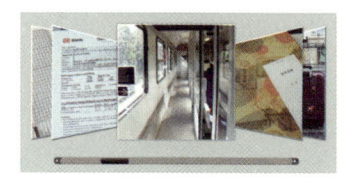

01 出境准备篇

攻略：用9个月完成　　　　　　　　002
签证：越来越容易　　　　　　　　006
行李：实用打包建议　　　　　　　008
行程推荐　　　　　　　　　　　　011

02 德国篇

出师不利的起点　　　　　　　　　014

罗滕堡：以童话为名　　　　　　　018
　图文实录：童话之行的开端　　　020

慕尼黑：游记三章　　　　　　　　028
　1. 啤酒节：就让它成为再来的理由　028
　2. 宁芬堡宫：你看你看，美人的脸　031
　3. 慕尼黑：暮光之城　　　　　　034

新天鹅堡：童话到最后总是忧伤　　040

国王湖的风与光　　　　　　　　　047
　图文实录：乐极生悲的国王湖之行结尾　052

德累斯顿：凤凰涅槃，浴火重生　　055

03 奥地利篇

萨尔茨堡：游记两章　　　　　　　　　074
　1. 亮泉宫："主教，您太调皮了！"　　074
　2. 萨尔茨堡：昨日再来　　　　　　　081

哈尔施塔特：人间若有仙境　　　　　　091

巴德伊舍：地上的天堂　　　　　　　　103
　图文实录：前往维也纳，路阻且长　　111

维也纳：游记两章　　　　　　　　　　114
　1. 灵魂安息的雨夜（中央公墓）　　　114
　2. 活在咖啡馆　　　　　　　　　　　120

04 捷克篇

克鲁姆洛夫：那个叫CK的小镇　　　　148

布拉格：游记两章　　　　　　　　　　155
　1. 布拉格之夜，一曲波西米亚情歌　　155
　2. 布拉格城堡：城市之心　　　　　　157

05 法国篇

入境交通：RER、大巴与火车   198
从巴黎机场出发   198
在法国乘坐火车   200

卢瓦尔河谷：城堡三章   202
1. 布洛瓦，一段奇幻的时空变幻之旅   202
图文实录：布洛瓦的光辉岁月   204
布洛瓦皇家城堡内部，不可不看   210
2. 舍农索堡：荣耀属于女人   213
图文实录：卢瓦尔河谷最精致的城堡   216
舍农索堡内，不可不看   218
3. 克洛·吕斯："穿越者"达·芬奇的
      最后时光   227
图文实录：处处沐浴着达·芬奇光环的
      克洛·吕斯   232

巴黎：荣光、童话与梦想之地   241
1. 迪士尼，在童话中头晕目眩   243
2. 蓝布依堡的下午   249
3. 卢森堡公园，一叶落而知巴黎秋   254
4. 枫丹白露：皇家森林的过去与现在   257
5. 塞纳河，另一种看巴黎的方式   264

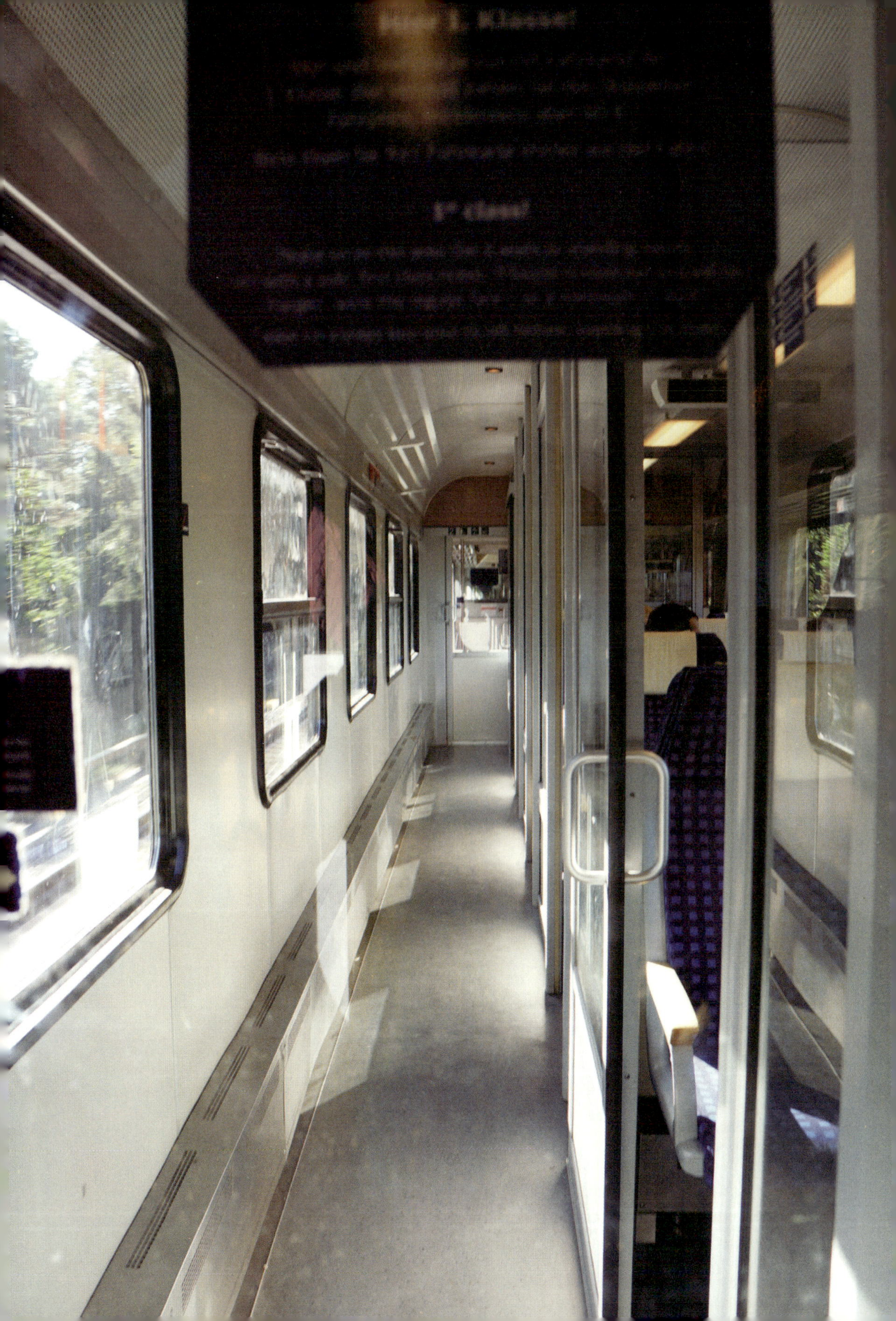

出 境 准 备 篇

攻略：用9个月完成

　　唯有征服繁琐，才能迎来简单。

　　2012年1月底的某一天，我在微博上写："我在想，旅行前的攻略准备工作，说不定比旅行本身更有趣……"

　　每次当别人问我："你们是什么时候开始准备的？"我答道："从过年就开始做攻略了（通常我会选择十一长假作为欧洲游的时间）。"这种提前八九个月的疯狂行径，总能引来群众的口水。

　　其实原因很简单，一般自过年前我们就确定了目的地，那么利用春节假期，天天闲在电脑前，把每天看看前辈们的游记和攻略当作休闲娱乐的活动。边看边顺便做做笔记，记着记着，一不小心就上万字了。

　　然后，根据自己确定的行程路线，不断进行补充、丰富，将可以搜集到的相关资料都看了一遍。每天的行程都会根据景点的分布来筹划，然后上Google地图查出来，制作成线路图，并且截图保存，放在攻略中。

　　每一次的欧洲行，最后的完成版攻略总会长达近2万字，内容包括：每日线路，餐厅、旅馆、商店的地址，景点背景简单的介绍，购地铁、火车票的指南，所去城市的地铁图公交图，交通（例如公车、火车、轮渡）的时刻表，推荐餐厅的精选菜式，常用外语……还会备注一下特别需要注意的事项，用特殊的字体进行标注。

　　朋友们对这份攻略的评价是："变态！"

　　但外出走了这么一圈，事实证明"唯有征服繁琐的工作，才能迎来简单的旅行"。

　　曾经有朋友问："准备事宜做得这么详尽，岂不是失去了所有的新鲜感？走到哪儿玩到哪儿，这才叫随心所欲、充满惊喜！"

但实际上，在一个完全陌生的国度，语言沟通不畅的情况下，这种"惊喜"往往伴随着走错路、点错菜、买错票……我们在德国国王湖游玩的时候，虽然手里拿着详尽攻略，可一玩起来就忘了时间，结果眼睁睁地错过了一班去火车站的公交车，进而错过了回奥地利萨尔茨堡的末班公交车，两个人被困在了日暮之后人烟稀少的湖边小镇。最后不得不在又冷又饿的夜晚，打国际长途给德国的朋友求助，让她帮我上网查询火车时刻表和转车车站。

筋疲力尽地抵达萨尔茨堡时，已经是晚上10点，为了不耽误旅馆check in的最后时间，不得不选择打了一程的士。这种既浪费金钱，又浪费时间，更让人累到崩溃的"惊喜"，不要也罢。

至于"没有新鲜感"，怎么可能？！

照片不过是一瞬间的平面，唯有身临其境，站在那些山峰与河谷之间，面对宝石般闪闪发光的湖水，清风拂面，让发梢轻轻扫过面庞……才能体会这种感觉，就像一个在记忆里已经有些微模糊的梦境，某天忽然鲜活成真，其中的喜悦、温暖、兴奋，哪怕是些微遗憾，都是难以向人道出究竟的秘密快乐。

无心私家攻略：

1. 获取信息和攻略的网站

我个人主要是通过天涯社区的旅游休闲版和穷游网来获取信息并做攻略的。前者适合把握方向，有很多文图俱佳的作者；后者则可以获得更多细节上的建议和攻略，非常实用。

此外，蚂蜂窝、携程攻略等旅行网站，也是获得实用信息的好选择。

2. 购买机票

在进行旅行计划的时候，我们通常提前半年就开始关注机票，因为各大航空公司时不时会有促销活动推出。基本上每周我都会抽出一些时间上这些航空公司官网以及去哪儿、携程等网站查看最新票价。有时候，会因为查询到的优惠机票而确定目的地，比如说最近一次去法国便是如此，因为在我决定出游的十一长假前后，机票最便宜的欧洲城市是巴黎，这也是我把法国作为目的地的重要原因。

如果你在最近三年内曾经去过申根国家旅行，且拥有固定收入，那么拿到新的申根签证基本上是不成问题的。看到优惠机票就直接拿下吧！即便出票了再去办理签证，通常也不会遭遇拒签的。

3. 欧洲的境内交通

法国、德国、奥地利以及本书中尚未涉及的西班牙、葡萄牙、意大利等国，境内交通主要选择火车。最好提前1个月在上述国家的国铁官网上预订车票，很容易可以买到特惠车票，折扣力度都在半价以下，比起到达之后现场购买要划算得多。

捷克境内很多小镇之间的交通，主要依靠shuttle bus。这里既有大型的巴士公司，也有私人运营公司。前者各方面比较规范，车上还会提供免费饮料、咖啡，一般是在城市中心火车站上、下车；后者可以门对门接送，免除行李搬运的劳累，而且信用度也还不错。

shuttle bus需要提前通过邮件预订，有些巴士公司还会要求预付一部分定金，余额则在下车的时候用现金直接支付。

主要的shuttle bus公司有：

http://bustickets.studentagency.eu/

http://www.ckshuttle.cz/

http://www.shuttlelobo.cz/2/en/shuttle-vienna-cesky-krumlov/

4. 欧洲境内火车票的购买

欧洲通票：

假如一次欧洲游中需要乘坐多次跨境火车，或者欧洲一国游中涉及多趟长途列车旅行（指车程在1小时以上），那么购买通票是一种比较省心的方式。通票可以按天数购买，比如说5日通票，一般是指在30天内任意5天乘坐，不一定是连续的5天。

购买欧洲铁路通票，可以在欧铁的国内代理网站、携程、凯撒旅游等旅游代理机构购买。

但是，需要注意的一点是，持通票如果需要乘坐快车、高铁的话，需事先订座。目前国内游客一般都需要通过欧铁的国内代理订座，每张票需要支付4欧元的出票费和9欧元的快车订位费（以上费用每年可能会有所浮动）。

欧铁国内代理网址：http://www.europerail.cn/

携程的购买通票网址：http://rails.ctrip.com/pass

点对点购票：

是指在相关国家的国铁网站上，购买指定日期、指定起点与目的地的火车票。

我个人比较推荐用这种方式来购买欧洲境内火车票。优点是，如果能够提前一个月左右购买的话，往往可以买到十分优惠的特价票，而且这些车票已经有指定座位，无须再支付快车定位费。缺点当然是不如通票的自由度高，如果临时需要改变行程的话，就可能会损失一定的购票费用。

德铁网址：http://www.bahn.com/i/view/GBR/en/index.shtml

奥铁网址：http://www.oebb.at/en/index.jsp

法铁网址：http://www.sncf.com

5．旅馆的预订

比较常用的是通过 booking 或者 agoda 等订房网站进行预订，携程、艺龙等也能完成这一工作。

最近这两年十分流行通过 airbnb 住当地房东的房子，这是一种很好的体验。我们的法国之行巴黎站就全部住在 airbnb 上的公寓，不仅舒适、方便、温馨，而且能够真正体验一番当地人的感受。

booking、agoda、airbnb 这些网站，现在都有中文页面，中国的自助游客预订房间的时候非常方便。

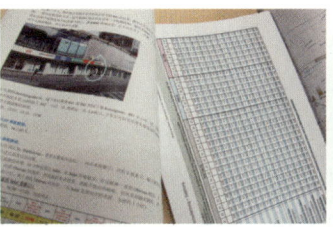

无心所制作的"变态"攻略　　　　　　　　　　　德国铁路官网购票后的打印件

签证：越来越容易

曾经，申根签证还显得十分高高在上，以"准备的材料众多、手续繁琐、需要面签"而著称，堪称出国自助游的"几座大山"之一。

不过，随着时间的推移，中国游客已经逐渐"攻陷"了全世界。欧洲人民欢迎你！申根签证的手续一年比一年简单，所需等待的时间甚至已经缩短到以小时来计算。我在最近几次的欧洲游过程中，深有体会。

由于申根所在国家的各国签证政策略有不同，因此应该根据打算申请签证的国家的规定，来准备相应的材料。

总体来说，目前法国、意大利、奥地利、西班牙等国家的签证，都是越来越简单、快捷。2014年是中法建交60周年，法国推出了48小时出签的政策（据说意大利人有样学样，搞出了36小时出签），而且只要材料齐全，一般都会给出至少一年内多次往返的签证。可以说，如今是史上法签最宽松、最好签的时间段。

此外，签证所需要提供的材料也越发精简。以申请法国发出的申根签证为例，截至2015年春，签证必需的材料只有：

申请表格及申请补充资料表格（预约签证的网站，例如外企德科的网站上可下载）

来回机票订单复印件

医疗保险原件和复印件（收复印件，原件看过之后退回）

银行流水原件和复印件（复印件主要是用于标注和翻译）

单位证明原件和翻译件

单位营业执照／机构代码／法人证书的复印件（加盖公司公章）

户口本复印件

护照原件和复印件

以往申根签证必须要准备的以下这些材料，如今已经不是必选而是可选了。你可以准备也可以不准备：

酒店订单

银行存款证明或房产证等其他固定资产证明

交通信息（指城市与城市之间的火车票、大巴预订等,以前是必需的,且需要覆盖全程）

英文版行程安排表

签证方法和流程参考

根据申请签证国家的申根签证政策，部分国家需要申请者本人亲自去使领馆面签，因此具体申请事宜请参照相应国家的使领馆官网。还有部分国家（例如法国、奥地利、意大利等）的申根签证是通过签证中心来操作。

以申请法国发出的申根签证为例，签证方法和流程如下：

先到中智、外企德科的网站上注册（网址请自行百度），选择你签证的领区（例如北京、上海、武汉等），填写基本信息后，下载签证申请表格和补充资料表格。注意：不同的签证领区，所需要准备的材料会略有不同，所以要注意选择。

同一组出行的人必须在一起申请，具体在网站上填写申请的时候就会了解的。

所有人的申请全部填写完毕之后，选择一个时间并且预定。这样，网上预约的工作就结束了。

到了预定的时间，带齐所有的材料到外企德科办公地，半小时之内就能搞定。

递交材料之后，48 小时内就能完成审核。可以到网上查询状态，等看到"护照已返回"的状态之后就可以去外企德科领取了。当然你也可以选择快递护照，60 元。

签证费 60 欧元，加上服务费之后约合人民币 742 元。

无心私家攻略：怎样拿到数年多次往返签证

我遇到过有人拿到 2～5 年多次往返的签证，一般需要符合以下条件：

之前有过多次申根签证。

购买 1 年期的医疗保险（而不是仅仅覆盖你本次旅行的时间）。

写一封申请信，表明你还希望去法国哪里哪里玩，或者想圣诞节去购物等需求，所以希望申请 3 年（或者 4 年、5 年，你自己写）的多次往返签证。

行李：实用打包建议

根据我的数次欧洲长途旅行的经验，关于打包行李这件事，我把需要带的东西分为"必须带"和"能带上更好"两个级别，以下是二者清单。

必须带

1. 护照、手机、相机。

2. 信用卡。最近一两年来，各大银行都发布的全币种信用卡，结算的时候可以将当地货币直接兑换成人民币，免去通过美元进行结算导致的汇率损失，非常方便。建议出国前办理一张这样的全币种信用卡，刷卡时候声明一下直接用当地币结算（否则商家有可能选择美元结算），比如在欧洲，就可以直接刷欧元还人民币了。

刷卡时仔细观察一下收银台上贴着的标志（一般有 VISA、MasterCard、JCB 等），目前国外有很多商家已经可以直接刷银联，对于积分、汇率兑换来说，都会更加划算。

如今新办理的信用卡一般都是芯片式信用卡，使用的时候更安全。除了商场购物、餐厅结账之外，欧洲大部分火车站、地铁站在购买交通票的时候，都是可以使用信用卡的。只是购票机器的扣款反应较慢，请耐心等20秒，不要看到机器似乎"没反应"就把卡拔出，导致付款失败。

3. 现金。可根据自己的消费习惯选择携带适当的现金，不必带得太多，以减少万一丢失而造成的损失。通常来说，15～18天的旅行，携带500～800欧元现金已经足够。

4. 衣物。在欧洲旅行，我的建议是应该穿得更美、更有型。一套户外冲锋衣、登山鞋、登山包这样的装束走在浪漫的巴黎、大气的维也纳、梦幻般的德累斯顿街头，岂不是太违和、太可惜了？如果行程当中有徒步雪山等安排，可以带上一身户外装束，其余的行装应该选择轻便、优雅的风格，尽量多带针织开衫、外套等可以叠穿的服装，以便进行不同的搭配组合。围巾、帽子等配件也可以多带，能够营造出更加丰富的视觉效果，带来更为多变的搭配风格。

5. 飞机上所穿的衣物。这个需要单独说一下，是因为去欧洲的飞行时间很长，因此要特别考虑一下机上衣物。需要尽可能舒适、有弹性、便于穿脱，而且丢了也不影响旅行。此外，一定要备拖鞋，不仅在飞机上可以穿，在旅馆中也能穿。欧洲很多旅馆都是不提供牙具和拖鞋的。

6. 手机和相机充电器、转换插头（2个）、排插（1个，带开关）。

7. 电热水壶，便携式吹风机。预订旅馆的时候要特别看一下旅馆介绍，如果不提供电热水壶与吹风机，建议还是随身携带，对中国人来说，这两样还是相当重要的。

8. 保鲜袋。非常有用，最好是加厚型。它可以用来带自制三明治午餐、洗干净的水果，可以拿来打包吃不完的餐食，可以分别装换下来待洗的内衣裤、袜子……总之，用处多多。

9. 其他物件，如化妆品、毛巾、牙膏牙刷、洗护用品等。

10. 攻略或旅行书。

11. 预先购买好的火车票等交通票。

能带上最好

1. 塑料袋若干，主要用于旅途中装垃圾。在欧洲尽量不要随地乱扔垃圾，请自觉维护中国人文明旅行的形象。

2. 纸巾、无芯卷纸。少量携带即可，欧洲几乎所有的餐厅都提供餐巾纸，所有的公共厕所或旅馆厕所都有充足的卷纸。

3. 笔记本，笔。每天及时记下当日开支和见闻，以免过后就忘记或者混淆了。

4. 翻译 App。如果你的外语水平一般，建议在手机中预装百度翻译、出国翻译官等 App，如有需要就能实时翻译。

5. 少量药物。如晕车药、感冒药、肠胃炎药物、邦迪等。

6. 小型多头晾衣架。用来晾晒内衣、袜子。

7. 肥皂。用于洗手、洗衣。

8. 含酒精的湿纸巾。其消毒效果比普通的湿纸巾好，不光可以用来在餐前清洁双手，我每到一家新入住的酒店、旅馆或民宿，都会先拿它来消毒卫生间，住起来更安心哦。

9. 随身 WiFi。有了随身 WiFi，旅行过程中可以随时上网。不仅可以即时分享自己拍摄的照片与感慨，还能随时保持与同行小伙伴的联络，省去国际漫游的电话和短信费用。更方便的是，从此不用再担心迷路了。预先安装好 Google 地图等导航 App，一连上网，立马就能显示路线，还有语音提示呢！

行程推荐

关于中欧与法国，无心分别根据自己的游玩经验，给出行程推荐。时间长度基本上在半个多月，可以大致对目的地有一个比较深刻的印象。

中欧童话之旅行程参考
D1 到达德国。法兰克福—罗滕堡，游玩罗滕堡。宿罗滕堡。
D2 罗滕堡—慕尼黑，游玩慕尼黑。宿慕尼黑。
D3 慕尼黑—菲森—慕尼黑，游玩新天鹅堡。宿慕尼黑。
D4 慕尼黑—国王湖—萨尔茨堡（奥地利），游玩国王湖。宿萨尔茨堡。
D5 萨尔茨堡—哈尔施塔特，游玩萨尔茨堡。宿哈尔施塔特。
D6 游玩哈尔施塔特。宿哈尔施塔特。
D7 哈尔施塔特—巴德伊舍—维也纳，游玩巴德伊舍。宿维也纳。
D8 游玩维也纳。宿维也纳。
D9 游玩维也纳。宿维也纳。
D10 维也纳—克鲁姆洛夫（捷克），游玩维也纳和克鲁姆洛夫。宿克鲁姆洛夫。
D11 克鲁姆洛夫—布拉格，游玩克鲁姆洛夫。宿布拉格。
D12 游玩布拉格。宿布拉格。
D13 布拉格—德累斯顿（德国），游玩布拉格。宿德累斯顿。
D14 游玩德累斯顿。宿德累斯顿。
D15 德累斯顿—法兰克福—机场出发归程。游玩法兰克福。宿飞机上。
D16 回到中国。

法国梦幻城堡之旅行程推荐
D1 到达法国。巴黎—图尔—布洛瓦—图尔，游览布洛瓦皇家城堡。宿图尔。
D2 图尔—舍农索—昂布瓦兹—图尔，游览舍农索城堡和克洛·吕斯城堡。宿图尔。
D3 图尔—香波堡—昂布瓦兹—图尔。游览香波堡和昂布瓦兹城堡。宿图尔。
D4 图尔—法国其他城镇。

罗滕堡城墙

德 国 篇

出师不利的起点

"玩得开心点,两位小姐!"送行的橘男先生甚潇洒地挥挥手,转身就淹没在上海地铁 2 号线的汹涌人潮中。

这个该死的家伙,对我和 Cappi 姐妹俩还真放心,甚至懒得送到浦东机场,而是直接在地铁站就拜拜了。临走,还叨着从 Cappi 那儿拿走的面包,那是我爹爹死活塞进她的背包,一定要我俩在路上吃的。

车过广兰路站,渐渐就行到了地面,继而驶在高架桥上。在钻出地下的瞬间,我们才看到,车窗外已经暮色迷离,灯火渐起。离开的时候,是上海的夜晚;而到达时,将是法兰克福的清晨。

出境,一切顺利。

只有一个小小的插曲。当我们办完 check in,换完登机牌,箱子托运完毕,正高高兴兴地准备找家餐厅吃个暖洋洋的晚餐。Cappi 突然立定,转身,看着我严肃地说:

"我可能犯了个错误。"

"什么事?"

"我把……一半的欧元现金放在箱子里托运掉了。"

……我无语地看着她,瞠目结舌,半天说不出话来。

"因为,我想着,现金不能都放在一起,要放在两个地方,所以……"她无辜地看着我,然后问:"要不要,去柜台把箱子找回来?"

我俩返回柜台,美丽的地勤小姐说箱子已经下去了,如果要找回来至少需要 1~2 个小时,而这样一来我们就很可能误了登机时间。

"算了,没那么倒霉吧。"Cappi 痛下决心,转眼又用不那么肯定的眼神楚楚可怜

德国篇 02

地看着我。当时我还不知道,这仿佛是预言一般的画面,在 10 多个小时之后,成为我们的噩梦。

但那一刻我们对未来的命运完全无知,虽然隐约有些忐忑,但还是美滋滋地去吃了顿拉面,买好机上读的书报杂志,欢快地登机了。

我们购的是国航的机票,需要在北京中转一次。之前曾经担心过的国内航班误点问题,并没有发生,两个人悠悠然在北京机场逛免税店、用免费 WiFi 刷微博,甚至还来得及在登上飞往德国的飞机之前,去机场的洗手间慢条斯理地卸个妆、洗个脸,再涂上过夜的护肤品。然后顶着两张素颜大喇喇地上飞机,吃过机上宵夜之后,就睡得昏天黑地。

法兰克福时间,上午 6 点。

飞机缓缓停下,舷窗外还是一片漆黑,只有机场跑道和建筑物的灯光,亮得有点儿刺眼。踏出机舱,所有的指示牌全部切换到了另一个语言频道,就连一直表现得镇静无所谓,表示到欧洲就是"回个娘家"的我,也忍不住有点儿紧张起来。

法兰克福机场

015

大部队向着行李提取处而行，我和 Cappi 却拐进了最近一个厕所。刷牙、洗脸、涂乳液和眼霜，最后梳顺了睡得乱七八糟的头发，自觉"重新做人"了。

排队入关，队伍走得并不迅速。前面那一对小夫妻显然也是中华儿女，在递上护照机票之后，入境处官员细细查问了一番，两个人你一句我一句互相补充，足足耗费了 5 分钟。

轮到我们，早有准备，刷地递上英文版行程单。对方用手指头一一点下来，嘴里一边念念有词地读着，滑到最后一行，他忽然抬头，扬了扬眉毛，问：

"Frankfurt, shopping……"

我连忙殷勤点头。三个人对视了两秒，忍俊不禁地都哈哈笑起来。"啪啪"两声，入境章盖完，我们欢快地挥着小手，说 bye-bye。

"是个帅哥！" Cappi 总结发言道。

可惜的是，欢乐的气氛并没持续太久。15 分钟后，法兰克福就给了我们第一个下马威。Cappi 的箱子没出来。

我们等了又等，看了又看，直到传送带上所有的行李都被取走了，她那个美貌的紫色大箱子依然杳无踪迹。

是我们在厕所洗漱的时候被人误拿走了？是丢了？各种猜测接踵而来，姑娘都快急哭了，这可是她头回来欧洲啊。

去了 16 号传送带区域旁边的行李办公室，工作人员将她的行李牌号码一输入电脑，就对我们说："它没有赶上这班飞机，得随下一班飞机过来。大概今天晚上或者明天上午到，你们去柜台那边登记一下寄件地址吧！"

于是，在清晨 6 点 50 分，我拨响了住在慕尼黑的朋友小奈的电话，我们明天正要去慕尼黑投奔她，在她家暂住两日，所以将行李寄到她家是最合适不过了。

把她用短信发来的地址在登记表上抄写完毕，目前所能做的一切，也就如此了。我们在办公室一角的小圆桌边坐下，从仅存的我那只蓝色箱子里取出遮瑕、粉底，随便抹了抹，至少遮掉一点睡眠不足的黑眼圈，也好离开机场。

"喂喂，箱子，箱子，你们的？"正忙着照小镜子，身后忽然传来声音，说的是生硬的英文。

转头去看，是一位穆斯林装扮的妇女，正眼巴巴地看着我那打开了一半的箱子。

"箱子，我的！"我指指地上。

"哦，好吧……"她失望地低头，转而去跟工作人员交涉。我完全理解她的心情，想必这位女士有着与Cappi相似的遭遇，情急之下已经见什么箱子都觉得像是自家的了。

怀着同是天涯沦落人的感伤，我和Cappi随着行李轮咕噜噜的声音走出机场大厅，跟着指示牌前往火车站。倚着自动扶梯钻出地面的那刻，扭头看去，窗外天色已亮，曾与我们在同一架飞机上共同度过10个小时的旅人早已四散，各自奔向前程。

而我们这出师不利的中欧之行，不管怎样，终于开始了。

无心私家攻略：到达德国，入境TIPS

1. 为了入境顺利方便，建议在出发前打印好英文版或者德文版的行程计划，用签证时交的那张就可以。如果有可能，最好还带上来回机票或者出票单。

2. 法兰克福机场有2个航站楼，在不同的时间段内，各家航空公司所使用的航站楼经常会发生变更。因此，到达机场之后，请在航站楼前的航空公司指示牌那里仔细研究一下，确认自己所乘坐的飞机究竟从哪个航站楼出发。

3. 德国的法兰克福机场火车站位于1号航站楼旁边，两个航站楼之间有Terminal bus穿梭，行驶时间约5分钟。

罗滕堡：以童话为名

罗滕堡的故事，都与"拯救"有关。

第一个故事比较传奇。据说在1631年，正值德国历史上"30年战争"时期，这年的10月30日，罗滕堡正面临敌方蒂利将军的猛烈进攻。由于之前遭受罗滕堡军民的抵抗，将军誓要把这座城市夷为平地。市长努许大胆地提出了一个赌约，标的物是一大杯足有7品脱的葡萄酒。神奇的是，蒂利将军居然接受了。后面发生的事情大家都知道了，努许先生花了足足10分钟时间成功地、毫无停顿地喝完了酒，成就了"神奇一饮"的故事，也挽救了这座城市。可爱的努许市长大醉三天三夜之后醒了过来，一直活到了80岁。后来这个故事被改编成舞台剧，每年都会在市政厅的帝国大厅里演上几次。

第二个故事则更加真实。在第二次世界大战临近尾声的时候，随着德军的败退，罗滕堡也遭到了一次轰炸。一位罗滕堡市民麦克勒跑去与美军谈判，成功地阻止了美军的进一步轰炸，终于将这个美丽的中世纪古城完整地保存下来。

如果你来到罗滕堡，置身于其间，大概会像我们一样，真心地相信这些故事确实曾经发生过。它的美就仿佛格林童话的插图本画面突然成真，自己变成故事里的小人儿站在石子路上，眼前是尖顶的城门，身后是彩色的房屋。生于斯长于斯的市民，一定会有百般勇气来守护这座梦幻般的小城；而每一个外来者，也总会疑心自己就像爱丽丝，真的堕入了兔子洞，转啊转啊，恨不得再也不出去，又如何舍得亲手毁掉它？

以"童话"来为罗滕堡冠名，不仅仅因为它中世纪的格局、彩色的木头桁架房屋，也因为这里有着全欧洲最出名的圣诞礼品商店。

沿着主马路一字排开的商铺，玻璃橱窗里几乎都是胡桃夹子、旋转木马、铁皮

德国篇 02

市政厅

019

小人、玩具小熊。没有女生看到这些眼睛不闪闪发光的；没有人看到这样不在心里温柔地想起从前，想起收到新玩具礼物的童年。时光如梭，我们成长，变得冷硬，但总有这样一个地方，如春风唤醒沉睡，让心变得又软又绵。

我们在一间一间店铺中进出，与一人多高的胡桃夹子合影，买上一堆花花绿绿看起来没有什么用却让人一拿起就舍不得放下的小玩意儿。再钻进面包甜品店，被罗滕堡特有的甜品"雪球"（Snowball）摄住了呼吸。是选巧克力味道好，还是草莓味道好呢？

罗滕堡的下午，时间就这样悄无声息地溜过去。太阳渐渐西斜，夕阳仿佛在建筑的墙壁上涂了一层厚厚的蜜。我站在这个9月的傍晚最后一缕阳光中发呆，身后房子的窗户里，一只熊宝宝不断地吹出彩色的肥皂泡泡，一个个飞过我的头顶，慢慢消失在远处。

最后，找一间临街的咖啡馆，坐下来一张一张写着明信片。正面都印着宛若梦境般可爱的街景，小巧精致的房屋甚至不像真的。明信片在咖啡杯旁边散了一桌，我在背面细细地写道：

我在罗滕堡，堕入一个童话。

图文实录：童话之行的开端

这是我们来到德国的第一天。你知道的，旅行的刚开始总是充满各种磕磕碰碰、不自信与不适应。但我们同时也是幸运的，因为我把罗滕堡放在了第一站。

德国篇 02

上回说到，经历了"行李未到"这个重大打击，我和 Cappi 怀着满心的惴惴不安离开法兰克福美因机场，去往机场火车站。机场火车站分为两个，一个是地区性的，另一个则是长途车站。对于我们这种压根不在法兰克福市内逗留、直接前往其他城市的人来说，完全可以经由后者直接乘车前往。

到了车站大厅，面对陌生又熟悉的自助购票机，看着机器前面踌躇不安、手足无措的各国游客们，姑娘我豪气顿生，一抖手中那叠厚厚的攻略——这里面可是有使用自助购票机的每一步骤照片和文字说明的啊！更何况，我早就在德铁网站上查好了合适的列车班次，还做了截图，信心满满啊。

第一步，第二步，第三步……嗯？怎么机器屏幕上显示的可选时间中，最近的一班车是网站上面没有说到过的？时间是——10 分钟后！好吧，就它了，试试吧。于是，选定、购买、付款、拿票，一气呵成啊。对着妹子神气地一扬手中的票票，我潇洒地乘着自动扶梯下到指定站台。

10 分钟静静地过去了。车，没有来。

"你买的票到底对不对啊？要么，是我们站错站台了？"Cappi 今日已成惊弓之鸟。抬头看站台上的显示屏，一片空白。

两个人拖着行李又乘电梯返回购票厅，这次不敢再托大，乖乖跑去德铁的信息处（Information）排队，把目的地如何如何、火车又是怎样的没来等前后缘由都说了一遍。那位端坐柜台后面的大姐冷静地看我一眼，在电脑中敲打两下，刷刷地打印出一张时刻表递给我，然后瞥了一眼我买的票，说："这票一点问题都没有，你就乘下一班火车吧。"

拿起时刻表一看，哎……这不就是我做攻略时候截图的那班车嘛。

折腾回站台，再三确认了指示

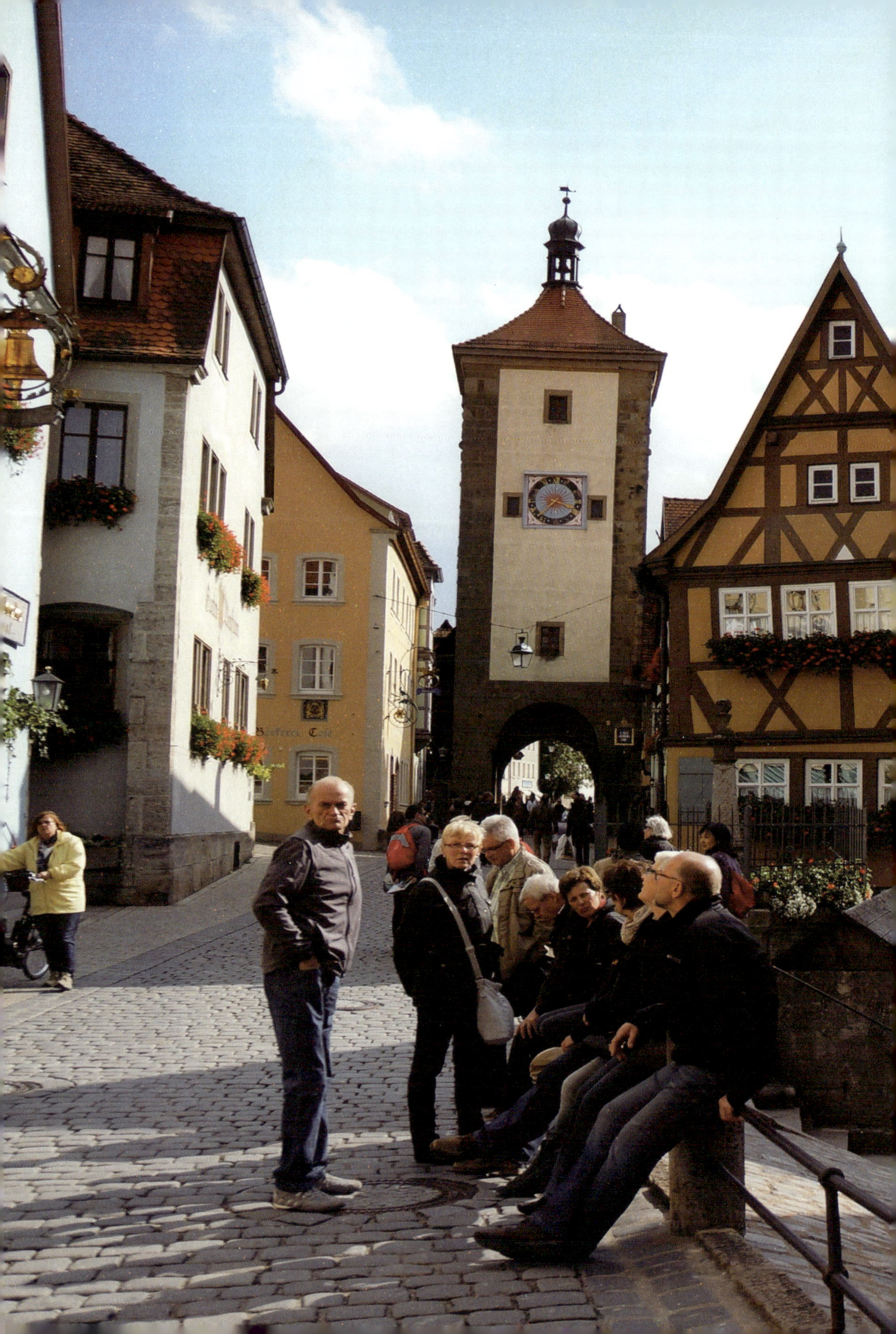

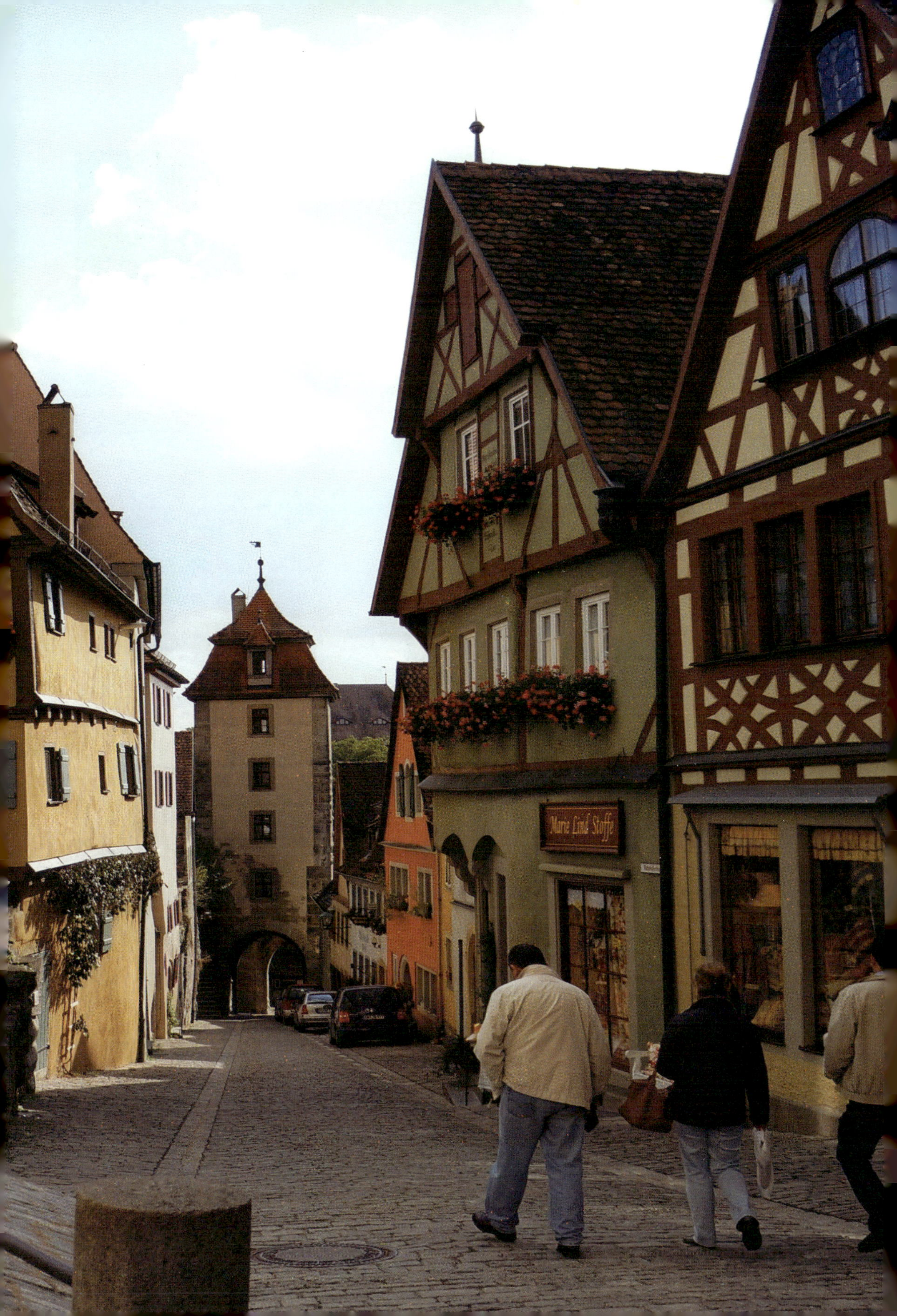
Marie Lind Stoffe

牌显示屏无误，这才终于安心候车。

早就买好的面包、咖啡都快冷了，赶紧囫囵几口吞下，终于有心情四处张望，把火车站前前后后端详一番。清晨8点半，太阳已经升起，站台上投下阳光一层一层的影子。

"一个好天。"Cappi 站在我身后，下结论道。

经过几番转车，到达罗滕堡时，正午。

穿过古朴的城门，跨过护城河上窄窄的木桥，就已经置身在罗滕堡古镇中。

对于一座依靠旅游业发展的城镇，游客们远道而来，更希望看到的不是一个"博物馆小镇"，而是真正鲜活的、充满生活气息的地方。从这种意义上来说，周庄或者威尼斯，或许都已经濒临死亡了吧？我曾对罗滕堡也有过这样的疑问。不过，当我们绕开城中的主要道路，沿着古城墙缓缓而行，身边是一幢幢可爱洋房，院中鲜花盛开、铁艺精致，处处可见主人精心收拾的痕迹。在9月的午后，虽然小路上寂静无声，却如这秋天的阳光般，温暖人心。

很难说这样的童话小镇有什么"非去不可"的景点。更多的时间里，漫步其间，已然是享受。

不过，将整座古城团团围绕住的城墙，是罗滕堡最有历史感的所在。古城墙经历了岁月和战争的洗礼，很多地方早已倾颓，今天我们所看到的完整城墙和门楼是经过修复了的。修复的经费来自世界各地人们的捐赠，这些人的名字被镌刻在石头上，嵌入粗粝的城墙之中。其中居然可以找到中国人的名字，而更多的，来自德国，来自奥地利，还有来自日本。

是的，日本。罗腾堡是德国的童话小镇中，在日本名声最大的一个。所以这里可以看到一群又一群的日本游客，城中的餐厅菜单也分德、英、日三种文字，虽然礼品商店里的中文导游书也开始悄悄地出现了。

到达德国的第一个下午，我们就这样漫无目的地在罗腾堡的街巷里穿梭。与圣诞礼品商店门前一人高的士兵胡桃夹子合影，一张一张挑选明信片然后买下来，对着夕阳里的市政厅广场发呆，站在古城的城墙边俯瞰暮色中的山谷……

"吃饭去吧！"当太阳完全没入这些尖顶房子的背后，我对 Cappi 挥挥手说。

我们俩沿着主马路向下行，走到离城门不远处的一家……中餐馆里。Yes！我们到了德国的第一顿正儿八经的饭，吃的，是中餐。

皮子有点半生的云吞面，味道有点咸的扬州炒饭，虽然谈不上滋味绝佳，但在长途飞行了十多个小时之后，于这个异国小镇的清冷夜晚里，抚慰了我们空荡荡的胃和疲倦的身体。

晚安，罗腾堡。

🎈 吃在罗腾堡

1. 简餐厅

简餐厅大多以饮料、糕点、比萨饼、沙拉为主。味道也都差不多，可以随意挑选一家进去。

我们中午那顿就是随便找了一家去吃的。店堂里布置简洁，居然还有电脑上网处。

2. 餐厅

城中的大街小巷都有不少餐厅，菜单大多是德、英、日三种文字的。镇中心附近有一家日本餐厅，据说相当出名，我们

简餐厅 　　　　　　　　　　　　　　正餐厅

当地著名甜品——雪球 　　　　　　中餐

中午吃饭的那家简餐厅老板起初以为我们是日本人，还郑重推荐我们晚上去那里吃。

另一种另类的选择是中餐。我们到罗滕堡的当晚就是在一家中餐馆吃了我们到达中欧的第一顿晚餐的，餐馆位置就在小镇的主街靠近城门入口处。德国小城市的中餐馆味道一般，不过服务还不错，想念中国食物的时候也可以去聊解乡思。

3. 小食

罗滕堡有一种十分出名的本地甜品——雪球（Snow ball），主商业街上就有一家最出名的卖 Snow ball 的蛋糕店。

● 住在罗滕堡

Hotel rothenburger hof

我们在罗滕堡住的酒店就在火车站对面，非常方便。建议住在古城外围靠火车站的地方，城中的石子路上拖拉杆箱还是很吃力的。

房间不大，无 WiFi，但有独立卫生间和盥洗台，比较方便。另外，酒店虽然不大，但是有升降电梯，搬运行李不用费力。

价格：50 欧元（不含早餐），通过 booking.com 预订

地址：Bahnhofstrasse 11-13, Rothenburg ob der Tauber, 91541 Germany

电话：+49 (0) 9861 9730

Email: hotel@rothenburgerhof.com

慕尼黑：游记三章

1. 啤酒节：就让它成为再来的理由

  坐在开往慕尼黑的火车上，已经无法忽略空气中浓得无法化开的啤酒味儿。年轻的男男女女穿着传统的巴伐利亚民族服装，从包包里面掏出许多手指粗细的小酒瓶，拧开瓶盖，笑着碰一下瓶子，然后一口饮尽。我们隔壁座的那几位，就这样喝了一瓶又一瓶，直到座位边的垃圾桶里面塞满了空瓶，连盖子都盖不上。

  列车员哐当哐当地推着小售货车在一节一节车厢里穿行，除了总有的咖啡，啤酒也是少不了的必备品。通道的地上坐满了抱着乐器的少年，看到售货车来，就嘻嘻哈哈地起身避让，满车的喧哗笑闹声，让你疑心自己压根不在严肃安静的德国，而是赶上了中国的春运。

  就像许多其他慕尼黑的特色民俗一样，啤酒节也和巴伐利亚国王路德维希一世有关。1810 年，为了庆祝他与特雷西亚·冯·萨赫森—希耳德布格豪森公主的大婚，当时的路德维希王储举行庆祝盛典，全城的市民一起参与。其后，这个庆典每年举行一次，规模也越来越大，人们每年都要吃掉近百万只烤小鸡、数十万香肠、一万多公斤鱼、近十万只猪蹄……当然，还有无法计数的啤酒。

  去慕尼黑投奔小奈，其实也是被啤酒节逼的。

  我们从 6 月初开始订房，但 9 月中旬到 10 月上旬这段时间内的慕尼黑旅馆都成为抢手的稀罕货，价格节节攀升，100 欧元也只能勉强订到一个小破房间，还是在特远的郊区，交通各种不方便。即便如此，稍微犹豫一下，连这样的房间都告罄了。

小奈帮着我们又搜索了数家华人旅馆未果后，慷慨地说："那就上我们家挤挤吧！"

去了她家才知道，这真是名副其实的"挤挤"。我们三个姑娘睡一张双人床，而她可怜的老公只能在客厅睡沙发……这般辛苦，如果真赶上了啤酒节狂欢，倒也值了，可惜的是，我们终于与之擦肩而过，抱憾终生。而罪魁祸首，还是 Cappi 那只迟到了的箱子。

慕尼黑的第一晚，三位女士正在啤酒屋中频频碰杯，并且对着烤肘子烤肠子大举进攻的时候，电话带来了一个好消息和一个坏消息。好消息是，Cappi 的箱子已经到达慕尼黑；坏消息是，晚上 9 点就会送到小奈家。而从市中心赶回去，至少需要一个小时，即便是这顿晚餐也必须快速解决，更遑论去啤酒节狂欢了。

要做出选择很简单，当然是箱子重要，何况明天还会在慕尼黑待一晚。三个人因为错过了一班郊县快轨 S-bahn 而在下了车之后狂奔在夜晚的街道，终于在小奈家的楼下大门口看到久别重逢的行李，疲倦、委屈如同咖啡上的奶泡统统瘫软下来，消失不见，剩下的都是失而复得的快慰与安心。

不过命运再次开了一个小小的玩笑。

慕尼黑的第二晚，大雨。秋风秋雨愁煞人，雨水冰冷刺骨，大约再欢乐的气氛也会被浇熄。我们俩白天奔波往返于慕尼黑和新天鹅堡，此刻双腿乏力地对着窗外的风雨发呆。最后终于不得不做出一个艰难的决定——那就算了吧……

为了安慰两颗受伤的心灵，小

奈姑娘发挥出十成的厨艺,做了炒面、三文鱼头、炒蔬菜、番茄鸡蛋青豆、萝卜排骨玉米汤……足够撑死四个人。我们俩使劲吃使劲吃使劲吃,还是剩下了许多。虽然啤酒节终究成为一个遗憾,但远在异国他乡,喝着热乎乎鲜味十足的排骨汤,感动难以言喻。

离开慕尼黑的那天,我在火车上靠着行李给小奈发短信:

"谢谢你们的招待,就让啤酒节成为一个念想,希望很快有机会再来!"

"嗯,一定。"她回复。

无心私家攻略:巴伐利亚州交通指南

旅行在德国东南部的巴伐利亚州,购买州票是最划算也最方便的。

它就相当于一张州内的天票,在当天可以乘坐巴伐利亚州各个城镇之间的火车(只能乘慢车,且必须在早晨9点以后方可使用),而且市内交通同样可用,非常划算。

价格:两人票26欧元,之后每增加一个人,就加4欧元。

2. 宁芬堡宫：你看你看，美人的脸

从慕尼黑火车站出发，乘坐有轨电车17路，20分钟后就会到达城市西面的宁芬堡宫。

隔着运河和人工湖远远望去，狭长的宫殿矗立在地平线的那一头，并不高大威严，如一条玉腰带般静静置放在大地上。

未到宫殿，先见湖。巴伐利亚的国王们，对天鹅似乎都有着近乎执着病态的热爱。这个形状规整大气的人工湖里，照例可见对对白天鹅，水鸟在湖面上飞掠而过。宫殿花园都是免费开放的，许多本城居民闲来便会带着孩子到这里，喂喂天鹅，看看风景，骑骑脚踏车。

宫殿的中心建筑始建于1664年，起初不过是一间不大的方形避暑行宫，是为了庆祝女选帝侯亨利埃特·阿德莱德生下继承人马克思·艾曼纽尔而修建的。后来，当马克思登上王位后，扩建了宁芬堡宫，并且修建了当时德国最奢华的洛可可式大厅——石厅（Steinerner saal）。

今天的石厅依然华丽迷人，奶白色的墙壁与天花板上，绘制着色彩鲜艳的壁画，以金漆重重勾勒出柔美的藤蔓花纹。巨大的水晶吊灯低低地垂下来，一群小学生在老师的带领下席地而坐，听着那些关于国王、王后、公主与王子的故事。

Cappi 站在石厅中央，感动得热泪盈眶："啊，我终于来到欧洲了，这是我看到的第一个宫殿……"虽然宁芬堡宫的名声远不如法国的凡尔赛宫、奥地利的美泉宫，但这个光线通透明亮、色调华美艳丽的大厅，依然有着其他宫殿所不及的明媚与绚烂。

今天，据说退位后的巴伐利亚国王后代们，依然居住在宁芬堡宫的侧翼，所以整个宫殿仅仅开放一层的部分房间，包括当年国王与王后的寝宫、蓝色小客厅以及最出

遇见欧洲，遇见童话

名的"美人画廊"。

　　这个挂着36幅美女画像的房间，出自路德维希一世的手笔。这些都是当时城中出名的美人，除了Mane Konigh王后之外，画像上的女郎大多是贵族小姐、夫人。风流倜傥的路德维希一世有"最爱美女的国王"之称，他心爱的情人西班牙舞女劳拉·孟特泽的画像也在其中。王后去世后，路德维希一世不顾民众的反对，一心要封劳拉为后，引发人们的强烈不满，最终在1848年的欧洲革命中被迫传位给长子，也算是一个"不

美人画廊

爱江山爱美人"的多情国王吧。

离开光线昏暗、开着鼓风机通风的宫殿房间，站在巴洛克式样的大楼梯上，宁芬堡宫花园就尽在眼底，方形的运河通往远处，附近还有狩猎小屋阿美连堡（Amalienburg）、巴登堡（Badenburg）。秋日的艳阳灼人，所以最后，宁芬堡宫理所当然地以一个甜蜜蜜的下午茶，作为圆满的结束。

喝着冰可乐，吃着水果挞，或者像慕尼黑人那样坐在运河边吃冰激凌、喂天鹅，玩够了就起身自由来去……这样的生活，不论是多情的路德维希一世，还是内向忧郁的路德维希二世，可都比不上啊。

3. 慕尼黑：暮光之城

入城，自塞德林格门。

这是慕尼黑现存的三座城门之一，砖石结构的拱门被爬山虎、藤萝悄悄地掩映在城市的建筑物当中，一不留神就可能错过。

此刻已是下午4点半，秋阳开始渐渐西斜。小奈下定决心要在太阳落山之前，将她心中最私家、最美丽也最独特的慕尼黑，统统呈现给我们看。

塞德林格门

德国篇 **02**

　　于是，这是飞快转换布景的两个小时，我们像几个在舞台上奔跑的龙套演员，背景画面刷地一下迅速转场，整座城市所有宏大、精美、炫目、时髦的一切都倾泻在眼前，浓缩又浓缩。所以我乐于此刻正在做的整理工作，它让我回过头来慢慢细究，每一张照片都让我重新回想起当时当地的场景，咀嚼反刍，然后渐渐找到慕尼黑的轮廓和灵魂。

　　步入塞德林格门，眼前便是一条购物大街。这里没有卡地亚、香奈儿那么大的压力，也不至于低到都是超市品牌、廉价高街货，是一条有时间便可以来这里慢慢晃荡的马路。

　　以这里为起点，是因为街中那座"慕尼黑最美"的修女院——阿萨姆教堂（Asam kirche）。这座18世纪修建的教堂并不是以常见的圣徒名字命名的，而是得名于设计师埃基德·克维林和格斯莫·达米昂。

　　阿萨姆并没有高耸入云的哥特式尖顶，也没有宏大的体量，它就这么毫不起眼地隐藏在街道上，与紧邻的商店、餐厅和旅馆亲亲密密地挨在一起。所以每一个走进教堂的人都会忍不住"啊"一声，然后把手掩在嘴巴上，勉强制止下面一连串的惊叹。

　　或许正因为它的迷你，那些金色的十字架、华丽的壁画、密密麻麻的圣徒与天使雕像，才显得格外多、格外拥挤，只看上一会儿就会眼花缭乱。站在狭窄的通道上把头努力地转来转去，眼睛所到之处都是各种美丽的东西，以至于现在，已经不太记得

阿萨姆教堂

035

究竟看了些什么。印象最深的，倒是二楼祭坛上方的主教像，站在通常耶稣所在的位置，俯瞰众生。

那之后，我们还飞快地走过绿叶巷中的圣母院大教堂，暮色里金黄色的铁阿提教堂。曾经远远望过慕尼黑最好的食品商店，那里的二楼可以喝到极香浓的咖啡，只可惜今天闭门谢客。

小奈带着我们穿街过巷，去最美的小广场、最炫的购物中心，去她最爱的首饰商店和最讨人喜欢的意大利美食商店，可惜，你们知道的，今天是礼拜天，是上帝规定的休息日。

只有旅人仍在奔波，从歌剧院到王宫，从犹太中心到城市博物馆，从游人如织的市政厅广场到气势磅礴的统帅厅。我们摸一摸王宫门口代表好运的铜狮子，回头看看市政厅内庭的狰狞滴水兽，追逐着夕阳的余晖，向着那金色暮光奔走。

多年前，我第一次来慕尼黑，是刚刚下过一场大雪的深冬。双足被冻得麻木，连灵魂都好像结了冰，全无感觉。如今我第二次来慕尼黑，这一次，它在我的心里，大概会长久地以圣母院屋顶上的那片落日光芒为定格画面，凝固在记忆深处。

待暮色沉下，华灯点亮，便是啤酒与美食的世界了。

● 玩在慕尼黑：必去景点简录

慕尼黑新市政厅

慕尼黑新市政厅从1867年开始建造，花了40年才完成。

这座棕黑色的哥特式建筑，被人们形容为"上面像撒了一层白霜"。其正面的壁龛里，雕有巴伐利亚历代君王、基督教圣徒和神话英雄的塑像。其表面的结构非常复杂，各种雕刻、拱券、尖塔，不亚于一座大教堂。

慕尼黑新市政厅

圣母教堂

这座红砖建造的晚期哥特式建筑，外墙并没有太多装饰，甚至不如新市政厅那么华丽，但也因此显得格外庄重典雅。教堂落成于1494年，文艺复兴已经露出曙光，所以教堂的顶部不再是常见的尖塔形状，而是意大利式圆形穹顶，这在当时可是相当时髦的哦!

关于圣母教堂,还有一个八卦。慕尼黑的圣母教堂的地板中心位置,有一个奇怪的脚印,被称为"魔鬼的脚印"。关于这个脚印有许多传说故事,大体来说,就是当年建造完教堂的时候,从中心位置是看不到一扇窗户的。于是魔鬼跑来玩耍,不料上了当,窗户都藏在两侧的大柱子后面,整个教堂一片明亮,魔鬼生气地一蹬脚逃跑了,就留下这么个脚印。

统帅厅

颇为壮观的统帅厅(又叫将帅厅、统帅纪念堂,Feldherrnhalle),是路德维希一世下令建造的,整个建筑风格完全模仿了佛罗伦萨市政厅广场的佣兵敞廊,为了纪念巴伐利亚王国军队的战绩。统帅厅所在的广场另一侧,还有明黄色的铁阿提教堂。

国家歌剧院

建造新天鹅堡的巴伐利亚国王路德维希二世,是音乐家瓦格纳的头号粉丝。他登上王位后,就把瓦格纳请到慕尼黑,瓦格纳在这座歌剧院中首演了《崔斯坦与伊索德》和《纽伦堡的名歌手》。

歌剧院旁边这条路,是慕尼黑的奢华之路。Louis Vuitton、卡地亚等名店都开在这里。

圣母教堂

统帅厅

统帅厅与铁阿提教堂

国家歌剧院

🎈 吃在慕尼黑

1. 小食

说到街边快餐美食，Leberkase 是德国街头常见的快餐食物，就像热狗之于美国街头一样。里面的肉是用肝加肉加奶酪做的。你也可以选择烤肉肠、烤牛肉等。价格 2～3 欧元。味道很香，值得一试。

小食 Leberkase

2. 咖啡馆与甜品店

作为国际大都市，慕尼黑城中四处可见咖啡馆与甜品店，总体来说都能达到过得去的水准。

位于市政厅广场上的甜品店 Rischart 在慕尼黑非常出名，吸引了众多游客。不过据评论说，味道十分普通，不值得专门去尝试。

这家咖啡馆非常棒　　　　　　　　　甜品店

3. 巴伐利亚菜

HB 啤酒屋

因为希特勒当年在此发动"啤酒馆事变"而闻名。1923 年 11 月 8 日的这场暴动虽然失败，希特勒入狱 9 个月，但他后来在狱中写下《我的奋斗》一书，奠定了日后纳粹党的领导地位。

如今，HB 啤酒屋已经几乎被游客所攻占，饭菜味道不算太出色，性价比也不是很高，因此慕尼黑本地人几乎已经不去这里了。但啤酒屋本身的建筑很有特色，店堂非常漂亮，天花板上满是壁画，全部以美食为主题。而且酒馆内氛围很好，每天有乐队演出，如果遇到有客人过生日，还会演奏生日快乐歌，全场齐唱，非常热闹。

地址：维也纳广场内 19 号。坐地铁到 Marienplatz 站下。

HB 啤酒屋

Augustiner am platzl 啤酒屋

我们没有在 HB 啤酒屋吃饭，小奈推荐了另一家地道的巴伐利亚乡土菜馆，就在 HB 的斜对面。他家的啤酒非常出名，我们点了黑啤和白啤各一杯。

推荐菜式：

烤鸭+烤猪肘拼盘、德式香肠拼盘。肉食味道都很香，猪肘的皮超级难切，很韧，但是极有嚼头。作为配菜的土豆球则是土豆泥加上淀粉之后做成的，很有弹性的感觉。肉肠味道也很好，德国人的烹饪天分当然不能跟法国人比，但在做肉肠方面的确有一套。

"后面的日子里，你们能吃到的蔬菜大概就只有这种酸菜了。"小奈恐吓我们。那时候我还没有料到，两年后我去法国旅行的时候，居然在阿尔卑斯山脚下的绝美小镇安纳西再次重温了德国肉肠料理以及酸菜，时间仿佛画了一个圆。

Augustiner am platzl 啤酒屋的烤猪肘

Augustiner am platzl 啤酒屋的德式香肠拼盘

新天鹅堡：童话到最后总是忧伤

许多个夜晚，路德维希二世站在横跨于峡谷之间的玛丽安桥上，忠诚的仆从早已点亮了灯光。年轻的国王久久地注视着眼前那座城堡，洁白如百合，精致如幻境。

此刻我也站在玛丽安桥上，身边不是沉默的随从仆人，而是熙熙攘攘的游客。桥上异常拥挤，只能随着人流缓缓地向前而行。想在桥栏杆边找一个空当来拍张照片，也是一件很难的事情。各国各地的语音回荡在耳边，山风剧烈，把头发吹得不可收拾，我的头开始晕起来。

不知道130年前的那些夜晚，路德维希二世凝视着他平生最著名的"作品"时，是不是也有这样的晕眩感。这位一生沉浸在童话与骑士世界里的国王，最终把人生写成了一出悲剧。

1864年，路德维希二世继位时还不满19岁，高大英俊同时也敏感懦弱。他太年轻，毫无政治智慧，他的内心从未长大，一生都是一个凭直觉而行的少年。

成年后，路德维希终身未婚，人们只知道他与自己的表姐——奥地利皇后伊丽莎白（也就是茜茜公主）关系极为亲密。所以在普奥战争中，巴伐利亚王国理所当然地站在了奥地利一边。面对当时的德意志第一强国普鲁士，当然，巴伐利亚失败了。最终普鲁士国王威廉一世成为统一的德国的皇帝，而巴伐利亚的独立就这样在他的手上终结了。

现实世界苦闷不堪，权力日益被剥夺，热爱音乐与艺术的路德维希就跟后世那个与他生日只差几天的迈克尔·杰克逊一样，干脆营造了一个只属于自己的童话世界，然后躲进去，只希望再也不用出来。

对这个长不大的彼得·潘国王来说，中世纪才是他心中的黄金时代。那时候，骑

德 国 篇 02

旧天鹅堡和阿尔卑斯湖

旧天鹅堡

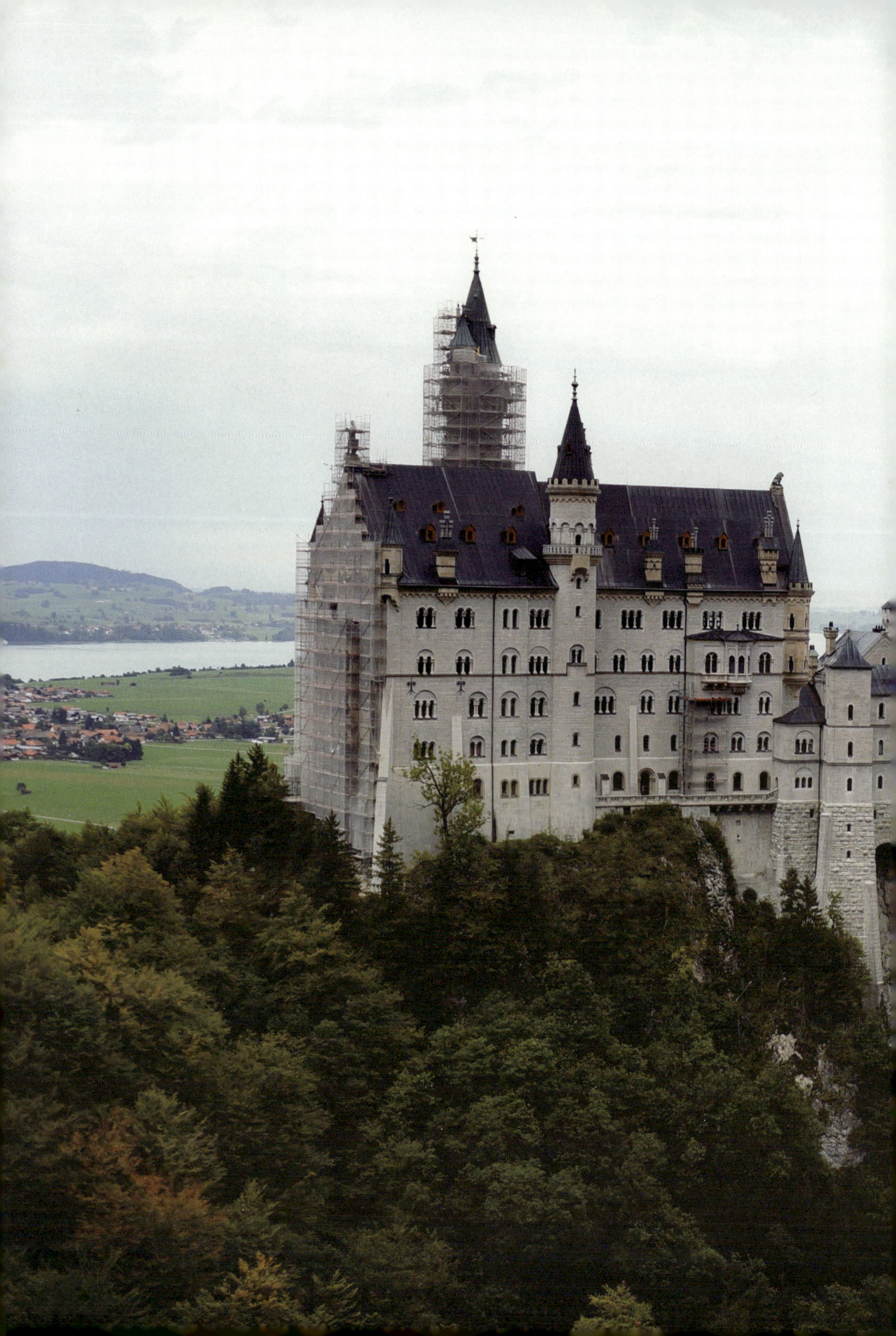

站在玛丽安桥上远眺新天鹅堡

士是英武的,国王是神圣的,一切都是浪漫的,就像他从小所见的。

路德维希的童年,就在这个山谷不远处的旧天鹅堡度过,那是他父亲马克西米里安二世所建。旧天鹅堡的建筑与装饰,都有很明显的中世纪遗风,壁画的题材都是行侠仗义的骑士,也处处可见天鹅主题的装饰。

15岁那年,路德维希看了瓦格纳的歌剧《罗恩格林》,剧中讲述的天鹅骑士罗恩格林的故事,深深震撼了这个少年。从此,路德维希成为瓦格纳的头号粉丝和终生支持者,也在他心头埋下了建造新天鹅堡的种子。

这座结合了拜占庭风格和哥特风格的城堡,仿佛从石头中破岩而出,从玛丽安桥上望去,远处是巴伐利亚青绿的平原、森林,红色屋顶的村庄点缀其间,新天鹅堡就像一个海市蜃楼般出现在眼前,让人不禁产生"此景只应童话有"的感叹。

穷路德维希的一生,这座城堡都未最后完工,只有一些主要的房间和大厅完成了装饰。令人印象最深刻的是王座厅与音乐厅。前者是拜占庭风格,上帝的光芒照耀世间,顶上的壁画绘制了历史上8位著名的国王,而路德维希的王座就在其下,寓意着"君权神授",可怜的国王只能在这里臆想着自己仍拥有中世纪时国王们的无上荣光。

音乐厅的一头是舞台,在这里可以演出歌剧和其他戏剧,墙上的壁画绘制的都是巴伐利亚森林的美景。路德维希和他的表姐茜茜公主一样,都厌倦王室的繁文缛节,

返程火车上看风景

热爱自然。他最爱骑马去森林，在湖边散步，幻想着过农夫般的生活。

可惜，平静的生活不可得。逃避到封闭世界中也需要代价，路德维希建造了林德霍夫宫、赫尔伦基姆泽宫、新天鹅堡，每一座都美轮美奂，但也掏空了国库。1886 年，巴伐利亚政府宣布国王患上了精神病，不宜再统治国家，他的叔叔柳特博德亲王摄政。6 月 11 日，路德维希在新天鹅堡自己的卧室中，被一群士兵带走，送到施塔恩贝格湖边的一座城堡。两天后，他和自己的精神病医生去湖边散步，就再也没有回来。

国王的死因至今仍是个谜。他被宣布溺亡，但也有传说他死于谋杀。瓦格纳曾这样形容过路德维希："他是那么无可救药地英俊、富有智慧、热情洋溢且气质高雅，以致于我担心，在这个尘世中，他的生命会像一个绝美的梦般逝去……"

一语成谶，不管真相如何，这个在城堡的墙上、天花板上画了无数天鹅，梦想有一天也能仗剑骑马走天涯的"疯子"国王，终于将他的那个童话，写成了一出悲伤的故事。

新天鹅堡（Schloss Neuschwanstein）

门票：12 欧元 / 成人

网址：http://www.hohenschwangau.de

新天鹅堡的侧面

无心私家攻略：

1. 交通

前往新天鹅堡，须先乘坐火车到达菲森（菲森属巴伐利亚州，可使用州票）。德铁问讯处可以免费拿到各条火车线路的班次表，现在从慕尼黑到富森的班次，很多都是直达的，不再需要转车了。

从菲森火车站出来，前往城堡还需要乘坐公车。78路和73路都可以到城堡，州票在这里也继续有效。

前往新天鹅堡

2. 参观

新天鹅堡将所有的参观者根据购票先后分成不同的批次，这些批次被称为tour，每个tour都有数字编号，每5～10分钟会放进一个tour的游客。

如果事先在网上预订门票，需额外收费1.8欧元/人。个人觉得，还是有必要花这1.8欧元的，不但不用排队购票，而且参加tour的时间还可以自己任意选择，这样也无须到了城堡之后再耗时间等待你的tour。

门票预订网址：http://www.hohenschwangau.de/ticketcenter0.0.html。

新天鹅堡门票

3. 上下山路线推荐

可选择乘坐巴士上山。巴士的终点站就是玛丽安桥，那里是看新天鹅堡全景的最佳地点。然后从玛丽安桥步行去新天鹅堡。参观完城堡之后，步行下山。这样的走法是最顺、最节省时间和体力的。巴士票价，单程1.8欧元。

城堡内部不允许拍照，地下室除外

德国篇 **02**

国王湖的风与光

"好啦，我们到了！"出租车女司机动作极大地猛打了一把方向盘，车子在码头上拉出一条英姿飒爽的弧线，然后稳稳地停了下来。

我和 Cappi 像两个傻瓜一样瞪着车窗外，被吓住了——不是因为司机的暴烈车技，而是因为眼前这一切。

"哈哈，美吧！全德国数我们这儿最美！"女司机得意扬扬道。

眼前是一片极清澈的碧绿湖泊，被群山环抱在中间。正午的太阳毫无掩饰地倾泻下来，如同在水面撒了一把金屑，晃得人几乎睁不开眼睛。

经过昨天那一场大雨，这片阳光让人仿佛从一个冗长的阴郁梦中醒来，窗外鸟语花香，纱帘映着初升的太阳轻轻拂动在窗棂上——那种几乎不敢相信自己好运气一般的感动，油然而生。

说到"湖光山色"，在湖区旅行那么多天，最值得用这个词来形容的，还是国王湖。海湾形状的柯尼希湖（Konigssee）宝石般澄净的水面上，倒映着德国第二高峰瓦茨曼峰的巍峨身影，而红顶教堂圣巴特洛梅修道院（St.Bartholoma）就像奶油蛋糕顶端的那枚红色樱桃，没有它，何其能称"甜蜜"。

国王湖的这一天，是幸运的，也是最不走运的。上帝给了我们一罐蜜糖，又狠狠地在脑袋上敲了一个响栗。

但在初见国王湖的那一刻，我们满心里荡漾的都是幸福。乘上穿梭游船，看着它划破湖面，荡起细微的水波，在大山腹地的湖中央悄无声息地前行。一路上经过幽静的画家角，经过柯尼希斯巴赫瀑布，路过1874米高的耶那峰，来到回音壁。在这片

裸露的白色山岩前，船停了下来，船长拿出一只金色小号，吹出巴伐利亚的民歌曲调，短短的一句一句吹，对面的山崖就传来一声又一声的回音。所有的游客都敛了声息，静静听着人类与大山的交谈。传说，百年前的船夫会在这里点燃装满黑色火药的鞭炮，人们甚至可以听到多达 7 次回音。

　　徒步旅行者会在 Kessel 站要求停船，从这里出发徒步攀登高岑山（Gotzenalm），

从高山顶上可以俯瞰整个国王湖。而大多数人的目光，则早就被瓦茨曼山脚下那片凸出来的"半岛"所吸引，红宝石一样的圣巴特洛梅修道院永远是聚焦点所在。

红色洋葱头屋顶的教堂本身相当简朴，人们更爱的是在树影下、秋阳里，坐下来喝一杯啤酒、点一盘烤鱼。对着美景吃美食，大概是人生至高的享受之一。

我们却没有时间真的坐下来大吃一顿。"把烤鱼留到哈尔施塔特吧！"两个人默默地心中安慰自己，为的是要向山脉更深处、水色更浓处而行，那里是国王湖游船的终点站 Salet。

没有在 Salet 下船徒步去 Obersee，是一件比吃不到烤鱼更加遗憾的事情。下午三四点钟，高耸的峰峦已经挡住了洒向山谷的大部分阳光，让眼前这片田园牧歌般的场景，显出几分幽幽的蓝色。清脆的"叮当叮当"声，是牛铃在山间回荡，三两成群、慢悠悠吃草的牛儿毫不怕人，偶尔还会打着响鼻凑到人面前，好像还指望能讨到点特别的吃食。

15 分钟后，穿过山谷和森林，眼前出现一小片山腹中的湖水。湖边散落着长椅和石头，到达目的地的人们都极安静，无声地看着面前这方静止如镜，又变幻万千的色彩。

直到这一刻，国王湖的风与光、山与水都看过，一切似乎都圆满了。不过上帝说：不，这一天还很漫长、很漫长。

红色洋葱头的圣巴特洛梅修道院

去往国王湖的火车上，窗外的景色

德国篇 **02**

无心私家攻略：

1. 前往国王湖的交通方式，可直接乘坐火车到贝希特斯加登站，换乘841路公车到达湖边。从萨尔茨堡出发的话，可从萨尔茨堡火车站乘坐840路公车，终点站就是贝希特斯加登火车站前，然后再换乘841到国王湖。840与841的时间是衔接好的，只要840不误点，下车后刚好可以赶上841。

2. 国王湖游船的班次相当频密，如果只到红顶教堂的话，不到10分钟就有一班船，而去Salet的船，大概15分钟一班。

3. 国王湖本身免费，但是乘坐游船需购买船票，到Salet的船票16.9欧元/人，国王湖船及耶拿峰缆车联票的价格是35欧元。

在贝希特斯加登火车站前乘坐841路可到达湖边

国王湖免费，但需要购买游船船票

840路公车，一路上车窗外的风景很美

图文实录：乐极生悲的国王湖之行结尾

在 Salet 的湖边静静地感受完大自然的奇迹与美，两个人高高兴兴地乘船回到出发时候的码头，一切顺利，玩得也尽兴开心。只是我们俩被快乐冲昏了头脑，没有想到接下来即将发生的悲剧。

因为来的时候是乘出租车的，女司机一路穿过了湖边小镇的商业街，直接把我们送到了码头上。所以回到码头步行去 841 公车站的时候，我俩在商业街上左看看右看看，对眼前的一切都充满好奇。拍照、买明信片和邮票，不亦乐乎。

走到离车站 50 米的地方，刚好看到了黄色邮筒。于是两个人就坐在邮筒旁的长椅上，写起了明信片。全部搞定，Cappi 突然想到："哎呀，还有一个朋友也要寄！人家都寄过好几张明信片给我了。"于是她又返回纪念品商店，买来卡片邮票，继续坐下来做功课。

贝希特斯加登火车站，等待回萨尔茨堡的火车

德国篇 **02**

　　此时一辆841已经远远地进站了，我忍不住催促："快快，车来了，要不然去萨尔茨堡再寄吧。"Cappi奋笔疾书，道："那就是奥地利啦，这儿是德国呢。"

　　在她将明信片投入邮筒的一瞬间，我们奋力向车站跑去，一边挥动双手……可惜，公车毫不留情地开走了。泄了气，走到车站研究时刻表，结果惊讶地发现，下一班公车在一个小时以后！我猛然想起自己包里的攻略，掏出来仔细一看，忍不住就想尖叫：回到萨尔茨堡的840公车，末班车就在半小时之后。刚刚开走的841，恰好就是衔接840末班车的！

　　接下来的一个小时过得度时如年，万般无奈之下我打通了小奈的电话："亲爱的，我们被困在国王湖边了，能帮我上网查查回萨尔茨堡的火车吗？"

　　10分钟后，电话回拨过来："840的确没了，只能坐火车。你们从贝希特斯加登火车站乘坐19点20分的列车，到Freilassing站之后，下来转另一班火车就能到萨尔茨堡。"接着，她将列车的班次、时间、站台以及转车信息统统通过短信发给了我。

　　感激涕零啊，如果没有她，我们俩或许就流落在贝希特斯加登了。

　　白天的国王湖美景无限，可日落之后的湖边冰冷入骨。我们俩裹紧了外套，又冷又饿，瑟瑟发抖，好不容易挨过了一个小时，终于等来了下一班公车。

　　没有想到这一天的磨难仍未结束。

　　上了火车之后发现，这辆车的终点站其实就是萨尔茨堡，只是需要在Freilassing站停留半个多小时。

　　是继续乘着这班火车直接去萨尔茨堡，还是到Freilassing下来按照小奈查到的转车方案转乘另一辆火车？To be or not to be，真的是个问题。

　　不幸的是，我们选择了错误的答案。

　　车到Freilassing，列车乘务员拿着包下车。我追问了一句："这车到萨尔茨堡吗？"她答："没错，到的，但是要换司机和乘务员了，等等吧。"

　　我看了看站台上的显示屏，站台另一侧就是原定要换乘的那班车，我们所乘的这班车发车时间比起那班车只晚了3分钟。要不然……就还是这辆？

　　天不从人愿。3分钟过去了……10分钟过去了……15分钟过去了……车一直没开……

　　终于等来一位铁路工作人员，在我们的车上来回走了两圈，然后告诉乘客说："这车坏了，得修。什么时候修好？不知道。"

　　幸而Freilassing离萨尔茨堡只有40分钟车程，是从德国去萨尔茨堡列车的必经

053

之站。半小时后，我们等来了下一班去萨尔茨堡的列车，最后到达目的地，拿出了寄存在车站的行李，已经是晚上 10 点了。

拿着酒店网站提供下载的地图，我们要赶在 10 点 50 分之前到达，那之后前台就下班了，自然也不可能再入住了。

地图上显示，酒店位于火车站铁路的另一侧，需要跨过一座铁路桥前往。可是……桥呢？两个人按照地图的显示，在车站门前来来回回走了 N 遍，问了好几位途经的好心司机，仍然没有人能告诉我们，那该死的铁路桥到底在哪里。

"算了，打车去吧！"Cappi 绝望了，"否则如果来不及住店，难道露宿街头？"

就这样，我们乘上了今天的第二程出租车。司机是个一脸快活的奥地利大叔："你们是游客？打哪儿来？哦！中国。我知道中国，上海！"

我们俩总算打起了精神，接茬道："是啊，我们就从上海来，你知道上海？"

"当然知道！上海和萨尔茨堡是姐妹友好城市嘛。"这事儿我俩都是第一次听说，竟油然而生一种"他乡遇故知"的感觉。

出租车在黑夜的萨尔茨堡街头穿行，绕了一个大圈，从一条隧道穿过铁路。

"我们萨尔茨堡是音乐之乡，你们喜欢音乐吗？"

"嗯，我们俩都学过钢琴。"

"啊哈，钢琴！"司机拍响了方向盘，"我小时候也学过钢琴。"

就这样，在有关莫扎特、舒伯特的讨论话题中，我们到达了酒店。办完入住手续，进了房间，几乎就要瘫倒在床上。10 点半了，我们俩还没吃晚饭呢。

挣扎着爬起来，烧水泡面，热腾腾地一碗老坛酸菜面下肚，终于，缓过来了……这充满了甜蜜和痛苦的一天，到此结束。

注：进入萨尔茨堡也就到了奥地利境内，这部分内容请翻至奥地利篇进行阅读。

德国篇 02

德累斯顿：凤凰涅槃，浴火重生

今天，说起德国，人们首先想到的是首都柏林的厚重大气，慕尼黑的富裕繁华，海德堡的人文气息，法兰克福的现代文明，以及众多明珠般闪闪发光的童话小镇。可如果我们将目光投注到两百年前，在德意志的历史上，那些如璀璨星河一般照亮过人类历史的伟大名字，许多却出自莱比锡，出自德累斯顿，而这里，就是德国真正的文化之州——萨克森州。

对于今天的萨克森州和过去的萨克森王国、选帝侯国、公爵领地、边境总督辖区等来说，生活在这片土地上的人们，天生懂得用一种特殊的方式认识这个世界。出生于萨克森州勒肯镇附近洛肯村的哲学家、诗人尼采，就曾经说过：关于生命的意义，他的方式是——靠艺术来拯救人生，赋予生命以一种审美的意义。

在萨克森悠长的历史上，有无数像尼采这样的人物，试图以自己的方式探索生命。瓦格纳（Wagner）、舒曼（Schumann）、韦伯（Weber）、巴赫（Bach）和西尔伯曼（Silbermann）赋予了世界太多值得聆听的声音，戏剧家莱辛（Lessing）奠定了德意志戏剧的理论基础，画家弗里德里希从萨克森州的风光中获得灵感，"桥社"成员里希特（Richter）和彭克（Penck）则用表现主义诠释世界……

萨克森人永远有足够的理由为自己骄傲。这里出现了欧洲第一件瓷器（迈森瓷），世界上第一个文胸，德国的第一辆蒸汽机车，以及无数与照相技术有关的发明。甚至，欧洲历史上最古老、最具有影响力的中世纪法典，就叫《萨克森明镜》（*Sachsenspiegel*）。

但如同每一个古老的王国一样，萨克森这片土地同样有着多舛的命运。第二次世界大战的战火，一度几乎毁掉了首府德累斯顿——这颗德国北部最闪亮的明珠。1945

年2月，"二战"已到尾声，德累斯顿市内到处都挤满了躲避苏联红军进攻的难民。他们对这座城市心存幻想，以为这座与英美盟军有着联系的艺术与文化之城，会免于轰炸。甚至连德国高级指挥部都是这么想的，他们撤除了所有的防御措施，将其配置到其他地方。

盟军的反攻在2月13日和14日晚上到达高潮，轰炸机队几乎没有遭遇任何抵抗，就轻而易举地摧毁了75%的德累斯顿，不计其数的人们死于轰炸，其数量几乎相当于广岛原子弹爆炸中的遇难人数。以易北河为界隔，原本充满了历史文化财富的老城几乎毁于一旦，满目疮痍。而河对岸的新城由于受损较轻，反而成为今天的德累斯顿中"比较古老"的一部分。

萨克森人独有的浪漫主义，与德意志民族一以贯之的坚韧、严谨，两者结合起来，就有了长达数十年，从未放弃过的重建工作。1990年2月，"德累斯顿号召"的声音传遍了世界，掀起了一场史无前例的参与和捐赠浪潮。这座城市的许多标志性建筑与景物——圣母教堂、天主教宫廷教堂、新教教堂等都得以修复完成。

今天，当我们站在德累斯顿的易北河畔，在有着"欧洲的阳台"之称的布吕尔阶梯上看着夕阳渐渐沉入这座城市最美丽的天际轮廓线的后面，每一块镌刻着历史轨迹的深黑色砖石都熠熠生光，它们书写着历史与纪念，也代表着宽恕与和解。

在废墟上重生，如同凤凰涅槃一般的德累斯顿，在我的心中，是德意志文化王冠上最晶莹灿烂的一颗钻石。它才是一个真正的童话，奇幻，炫目，不可思议而又令人动容。

无心私家攻略：

交通：

如果仅仅是游览茨温格宫以及易北河边的周围景点，其实步行就可以。但如果要去郊外的Pillnitz宫，或者去世界上最美丽的乳品厂——普丰得吃东西的话，则建议购买Day Ticket（即德累斯顿交通天票，可用于乘坐公交车和有轨电车，但不可用于乘坐游船），约5欧元/张。购买Day Ticket，在任何一个公车站使用自助机器即可。

玩在德累斯顿：必去景点简录

茨温格宫（Zwinger）

据说绝大多数游客都是从这里开始德累斯顿探索之旅的。

这座宫殿建于1728年，当时正是最具传奇色彩的萨克森国王——伟大的奥古斯特斯在位期间。奥古斯特斯请来建筑师马特·丹尼尔·波波曼（1662—1736）设计建造了它。

茨温格宫由一系列围绕着宽敞的绿色庭院而建的建筑物组成。庭院内有喷泉、草坪和鲜花，十分宜人。它是德国巴洛克建筑的巅峰之作，如今则集合了德累斯顿最值得参观的博物馆，是无数艺术大师作品的"家"。

进入茨温格宫，最好的途径就是穿过"玩偶报时钟亭"（Glockenspielpavillon），眼前豁然开朗，这里就是中心庭院了。茨温格宫左侧翼的中央是王冠门（Crown Gate），门顶是守护波兰的天使雕像（建造茨温格宫的萨克森国王奥古斯特斯还曾经统治过波兰）。

从庭院中央建筑处的阶梯可以登上宫殿建筑的二楼平台。这一带是十分出名的部分墙亭（Wallpavillon），它正是茨温格宫的建筑师波波曼的代表作。而建筑之上的那些生动而富有表现力的雕塑与装饰，则出自波波曼的搭档巴尔塔沙·佩莫泽尔（1651—1732年）。最漂亮的"景点"就是纽普仙女池（Nymphenbad），这是个陷下去的洞穴，里面的石头仙女在戏耍娱乐。我们没有走下去，只是在庭院二楼向下俯瞰了一下。

今天，茨温格宫共有6家博物馆。

最值得一看的是古典大师画廊（Galerie Alte Meister），最初是由奥古斯特斯和他的后人弗里德里希·奥古斯特斯二世所设立。其中最著名的藏品要数拉斐尔的《西斯廷的圣母像》（作于1512—1513年），另一幅著名的意大利文艺复兴时期作品是吉奥乔尼的《入睡的维纳斯》，它是吉奥乔尼最后的作品，直到画家1510年去世的时候还没有全部完成。此外，古典大师画廊里还有伦勃朗、维米尔、普桑、丢勒等大师的作品。

宫殿右侧翼则是规模庞大的塞姆佩尔画廊（Semper Gallery）。除此之外，比较值得关注的还有军械库（Armory，德语 Rustkammer）和数学及物理沙龙厅（Mathematical-Physical Salon），前者是世界上收藏武器和装备最多的场馆之一，后者展示的是从 16 世纪到 19 世纪的一些非凡的科学机械。

瓷器收藏馆（Porzelansammlung）也很值得一看。伟大的萨克森领主，下令建造茨温格宫的奥古斯特斯国王对陶瓷非常着迷，他的炼金术士约翰·弗里德里希·伯特格尔花费了大量的时间和精力研究中国陶瓷的制作方法，终于，他在用加热的方式使陶土透明化的过程中，破解了制造精美瓷器的秘诀，从此奠定了与德累斯顿和迈森这两个城市不可分离的陶瓷工业的基础。

门票：庭院免费。参观博物馆需购买门票。

开放时间：10:00—18:00，周一闭馆

地址：Sophienstraße, 01067 Dresden

网址：http://www.skd.museum/en/homepage/index.html

茨温格宫中的瓷器博物馆

茨温格宫的内庭院

茨温格宫内的博物馆

茨温格宫上的墙亭

茨温格宫的十字王冠门

森帕歌剧院（Semperoper）

位于易北河边，茨温格宫隔壁。这里既是萨克森州歌剧院，也是该州管弦乐团所在地。这座充满了对称美感的新文艺复兴式建筑是以设计师古斯塔夫·森帕（Gustav Semper）以及他的儿子曼弗雷德·森帕的名字命名的。

老森帕所设计建造的歌剧院1841年落成，可惜却在1869年被一场大火烧毁了。由于老森帕曾经卷入1848年的革命，运动失败之后，他被禁止进入德累斯顿城。于是重建任务就由他的儿子小森帕来主持。

剧院曾经有过一段辉煌，瓦格纳和理查德·施特劳斯的几部歌剧都是在这座华丽的剧院里首演的。到了1945年，在毁灭了大半个德累斯顿的战火中，森帕歌剧院也只剩下了外面这个空架子——好歹它没有完全被毁，由于它在国际上的知名度，加上世界多位知名建筑师纷纷上书盟军指挥部苦苦恳求，这才使得它免于灭顶之灾。

战后，经过了复杂的重建工作，1985年，在当时东德共产党政府的领导下，整个剧院终于修缮完毕。

森帕歌剧院

歌剧院周六晚上的芭蕾舞演出，最便宜的门票还不到 10 欧元，德累斯顿人都喜欢到剧院消磨一个晚上，所以上座率极高，不事先订票的话，多半是没有空位的。

王宫、城堡和宫廷教堂

这组建筑位于歌剧院和茨温格宫对面，我极其喜欢它们。它们拥有真正的童话般的轮廓线，个人觉得比新天鹅堡的宫殿建筑更美。

城堡与王宫就是那座有 100 米高的塔楼的建筑，它在 100 年前被大幅度地重修成新文艺复兴的风格，不过几个世纪以来，这里一直都是萨克森统治者居住的地方，直到 1918 年第一次世界大战结束，"萨克森共和国"成立，并且被并入魏玛共和国，整个萨克森王国的独立地位丧失，这里也就不再有王室成员居住了。

萨克森的统治者们很喜欢建造过街桥。比如王宫与宫廷教堂之间，就有这么一座过街桥。有了它，王室成员就不用穿过街道，可以直接从王宫进入教堂来参加弥撒了。

王宫、城堡和宫廷教堂

国王的行列

国王的行列（Procession of the Princes，德语名 Der Fürstenzug）

  老城区的这一带，街巷错综复杂，很容易迷路。我们一度迷失了方向，幸亏看到了旅游问讯处，按照工作人员的指示，走了不多远就豁然开朗。这一带正是王宫城堡的范围，我们转入了一个院落，这里曾经是王宫的马厩所在处。虽只是马房，却也是一个宽敞明亮的大院子，房屋上的装饰毫不含糊，照例有着漂亮的墙画以及徽章装饰。

  大名鼎鼎的"国王的行列"（也被译为"国王的行进"、"王子的行列"或"王侯队列"等）就在马厩的外墙，从上面这个院子转出门，就能看到。

  这是世界上最大的瓷质壁画，由 24000 片迈森瓷拼贴而成。整个壁画长达 102 米，最初完成于 1876 年，当时是为了当作献给 Wettiner 皇室家族的纪念碑，后来还在 1906 年进行了修缮和补充。壁画描绘了 1123—1904 年所有的萨克森统治者，共计 35 位君王。壁画所描绘的每一位统治者下面都标注了名字和年代，并且装饰了王室徽章。整个画面的每一个细节都极为精致、漂亮。可以说，"国王的行列"是德累斯顿最不可错过的画面之一，亲眼所见非常震撼，照片很难完全表现出来。

地址：Taschenberg 2, 01067 Dresden

网址：www.fuerstenzugdresden.de/

圣母教堂（Frauenkirche）

"国王的行列"的东边，是"新市场"，这里坐落着德国最大的路德会教堂——圣母教堂。

这是一座漂亮的巴洛克式建筑，它始建于1726年，是世界上最大的砂石建筑。不过，圣母教堂在1945年的德累斯顿大轰炸中被夷为平地。重建工作就是在前文所说的1990年2月"德累斯顿号召"发出之时开始的，并且于2005年最终完工。重建后的圣母教堂与当年的旧貌完全一致，乳白色的教堂墙壁上的那些深黑色砖石，来自原教堂被轰炸后遗留下来的那些尚存完好的石块。这样新旧交融、处处可见深黑色砖石的画面，在德累斯顿十分常见，可以说是这座城市的独特魅力所在。

门票：免费

开放时间：周一至周五 10:00—12:00、13:00—18:00，周末开放时间较短。

地址：Neumarkt, 01067 Dresden

网址：http://www.frauenkirche-dresden.de

绿穹博物馆（Green Vaults，德语名 Grünes Gewölbe）

从"国王的行列"旁的一条巷子，可以通往绿穹博物馆。这一带是一系列的博物馆群——阿尔博特姆博物馆群（Albertinum），曾经是皇家兵工厂的所在地。

绿穹博物馆是阿尔博特姆博物馆群中最令人震撼的一个，我之前在一位网友的帖子里看到过这个博物馆的介绍，深受震撼。甚至可以说，我们正是为了绿穹而在行程单中加上了德累斯顿这个目的地。

绿穹博物馆之所以拥有那么多令人瞠目结舌的珍品，原因在于历代的萨克森君主都极为热衷于收藏珍宝与工艺品。他们还常常为自己与妻子的生日、各种节日、各种庆典而向王室御用珠宝匠订制各种珍宝。经过数百年来几十位萨克森君王的共同努力，有了今天绿穹博物馆中让人震惊的收藏品。

这些珍宝的数量和精美程度，超过了我所参观过的任何一个博物馆，即便是卢浮宫中的波旁王朝珍存和维也纳霍夫堡皇宫中的哈布斯堡王朝珍宝也比不上（仅指珠宝、

遇见欧洲，遇见童话

阿尔博特姆博物馆群，其中就有绿穹博物馆

工艺品类，卢浮宫还是以各种文物、绘画和雕塑著称）。非常值得一看，绝对可以震到每一个参观者。

　　博物馆内禁止拍照，甚至不允许将相机带入，必须寄存。参观时可持讲解器，有中文解说。一层（也就是中国人所说的二楼）是珍宝馆，二层是古代军事馆，每一层的面积都不是很大，但是由于珠宝珍品都很小，所以可以说件数是非常多的，如果每一件重要的藏品都听一遍解说的话，光是一层的珍宝馆就可以看上三四个小时。

　　最不容错过的珍宝有"德累斯顿绿"（这颗重达41克拉的绿色钻石，是目前世界上最大的绿钻石，也是绿穹博物馆的镇馆之宝之一）、雕有185个头像的核桃微雕、装饰有红珊瑚的女神达芙妮银像以及约翰·迈尔基奥尔·丁林格（Johann Melchior

Dinglinger）的所有作品。

丁林格兄弟是萨克森历史上最著名的统治者——伟大的奥古斯特斯（也就是下令建造茨温格宫的那位）最欣赏的宫廷珠宝匠，他与兄弟所完成的作品都必为精品。这是一位真正的珠宝大师，有时候，他甚至会在无订单的情况下自己贴钱去制作心目中想做的作品，而这些作品往往都极为美轮美奂，让人一见倾心，最后都能够以高价卖给萨克森王室和贵族。

整个绿穹最伟大的作品，就出自丁林格兄弟之手，那就是"莫卧儿王朝的觐见"。兄弟俩花了7年时间才完成这一作品，他们使用了5000多颗宝石，制作了137个镀金和珐琅的人物，其制作成本甚至超过了奥古斯特斯在莫里茨堡建造大宫殿的成本！更神奇的是，整个作品中所有的人物、所有的物件都是可以移动的，能够拼出完全不同的样子和场景。目前在博物馆中所显示的这个样子，是根据丁林格本人的笔记记载和绘图而成的。

门票：12欧元／人，免费提供讲解器（有中文）；还有和选帝侯王宫（Residenzschloss）的联票19.5欧元／一天，22欧元／两天。

开放时间：10:00—18:00，周二闭馆

地址：Taschenberg 2, 01067 Dresden

网址：http://www.skd.museum/en/homepage/index.html

易北河畔漫步

德累斯顿有个很美妙的外号——"易北河上的佛罗伦萨"。经过了1945年情人节的大轰炸之后，整座城市几乎成为一片废墟。德国著名文学家豪普特曼就曾经悲痛地说：谁不会流泪，就来看看被炸后衰败的德累斯顿。

而幸存下来的德累斯顿旧日风华，几乎都集中在易北河畔的王宫一带。我们曾经计划乘车前往德累斯顿郊外的Pillnitz宫（那里是萨克森选帝侯的夏季避暑别墅），然后从那里乘坐游船沿着易北河而下，欣赏沿途风光，最后到达布吕尔平台附近的码头。不料一场雨让我们吃了一顿冗长的午餐，最后晃荡到易北河边时，已是黄昏。

易北河上的桥梁中，最靠近布吕尔平台的这一座Augustus brucke（即奥古斯特斯大桥，以那位著名君主的名字命名。这座桥，也被称作"老桥"），也正是德累斯顿最著名的一座桥梁。

桥梁的那一头，正对着的就是宫廷教堂（Hofkriche，也音译为霍夫教堂），它是

一座精致的罗马天主教教堂。在宫廷教堂建造之前,德累斯顿可是一个极端支持新教的城市。不过,伟大的萨克森君主奥古斯特斯在1739年的时候宣布皈依天主教,并且下令建造这座教堂。当时,这个决定可是引起了一场轩然大波,奥古斯特斯专门从意大利请来建筑师葛塔诺·奇艾维瑞。

葛塔诺接下这一任务之后,从意大利带来很多同胞一起实施这项工程,他们聚居在易北河筑堤上的某处地方,这里就被称为"意大利村"。这个地名现在依然存在,如今是一片优美的河边露台,开设了不少景观绝佳的餐馆。

宫廷教堂的内部装饰是漂亮的巴洛克风格,萨克森历任统治者就葬在这个教堂的墓穴之中。而教堂的外部,砂岩雕刻而成的圣人像在建筑师葛塔诺·奇艾维瑞设计的美丽教堂的栏杆上排着队。

如果说,静静流淌的易北河是一片窗外的风景,那么布吕尔平台(Bruhlsche Terrasse,又叫布吕尔阶梯)就是观景最佳的窗边露台。

它是18世纪的时候,由康特·布吕尔在易北河边废弃的防御工事上修建起来的散步场所,本是他私家花园的一部分。这里是易北河边最美妙的闲坐和散步场所。

这是德累斯顿最美丽的时分,雨

易北河畔的布吕尔平台

易北河畔

奥古斯特斯大桥

后的天空如洗，秋光明媚，深黑色的老建筑也仿佛闪闪发光起来。我们在河边逗留良久，感受德累斯顿最后的黄昏，也是我们这次中欧之行最后的迷人时光，第二天，我们就将踏上归程。

● 住在德累斯顿

ETAP Hotel Dresden City

它是隶属于雅高集团旗下的一间经济型酒店，位置很好，位于 PostPlatz 附近，步行前往茨温格宫只需 5 分钟，走到易北河畔也不用 15 分钟。对面就是大型商场 Altmarkt，购物极为方便。附近的 Weisse Gasse 则是餐厅聚集的地方。总之，游玩、美食、购物在这一带都能搞定。

房间干净整洁，独立卫生间和浴室，有免费 WiFi。55 欧元一晚的房价也比较合理。登录雅高集团国内的网站就能预订酒店房间了。请注意，这家酒店预订的时候写的是 ETAP，但是实际入住的时候大门口挂的是 ibis 的招牌（ibis 也是雅高旗下的经济型连锁酒店品牌）。

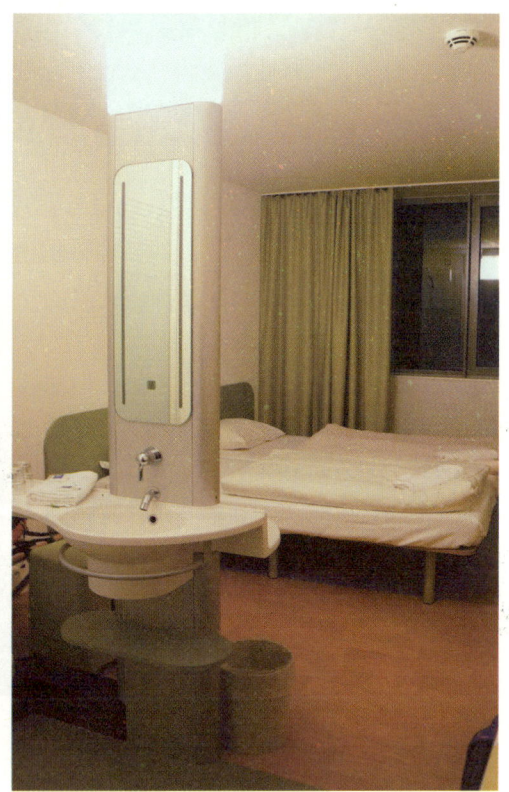

可通过雅高集团的中文官网进行预订。

地址：Wilsdruffer Str. 25, 01067 Dresden, GERMANY

电话：(+49)35183393820

预订网址：http://www.accorhotels.com/zh/china/index.shtml

🔸 吃在德累斯顿

Gansedieb

这间餐厅位于市中心茨温格宫附近的 Weisse Gasse 街，这条街上有不少餐厅和酒吧。Gansedieb 是《孤独星球》上推荐过的一家以鹅美食出名的餐馆。

推荐菜式：

汤可以选择著名的鹅肉清汤（3.8 欧元）或是萨克森传统香肠土豆浓汤（3.8 欧元），后者很浓稠，入口丰腴，我很喜欢。配汤的不是面包，而是与捷克相仿的蒸馒头片。

德国篇 02

"鹅肉"餐厅里当然必须吃鹅肉料理,味道与中国式的烤鹅挺接近,所以很容易接受。配菜也很丰富:烤土豆、煎培根,还有苹果和橙。后两种水果的加入,让比较肥腻的鹅肉吃起来更加清甜。

地址:

位于 Weisse Gasse 街,就在茨温格宫对面的巨型 shopping mall——Alt Markt 的旁边。那一带有不少餐厅可供选择。

鹅美食餐厅(Gansedieb)

069

普丰得乳品厂

Pfunds Cafe Restaurant 有着"世界上最美丽的奶制品店"的称号,据说在 1997 年获得过吉尼斯认证。店铺的一层从地板、墙壁到天花板都装饰着手绘花砖和搪瓷雕塑,让人眼花缭乱。

一楼出售各种乳制品以及曲奇、饼干等食品,特色的装饰花砖和小雕塑也有出售,看上去颇似一家旅游纪念品商店。目前普丰得的一层是禁止拍照的,营业员也严防死守得厉害,但各国游客们都想尽办法偷拍!二层是餐厅,这里没有华丽丽的装饰花砖了,但是看上去也是一家挺有氛围的乡村餐馆的模样。

推荐菜式:

蔬菜沙拉,非常清爽,配橄榄油和苹果醋。

烤猪肉配蘑菇、土豆和蔬菜沙拉。味道不错,很质朴的乡村风味,上面淋的奶油

普丰得乳品厂出售的纪念品

普丰得乳品厂门前的街道

普丰得乳品厂

汁很棒，香极了，果然是普丰得出品。

蛋糕可以去玻璃柜台那里点，也可以看着 Menu 要。我们点了招牌的 Eierschecke 蛋糕，其实就是特色乳酪蛋糕，上面有一层巧克力。通常来说，我不太爱吃乳酪蛋糕，往往初入口觉得还不错，但是要不了几口就开始觉得腻了。普丰得的乳酪蛋糕奶味浓郁，但是还配以柔软湿润的海绵蛋糕和微苦的巧克力，这样口感就丰富多了。

普丰得的特点是人非常多，座位十分紧张，上菜速度很慢，不过味道还不错，价格也不算贵，所以还是很值得一尝。

交通：

在茨温格宫南面的 Postplatz 乘坐 Tram 11，到 Pulsnitzer Str. 站下车，往前走一点点就到了，很容易找。

普丰得餐厅的菜式

维也纳国家歌剧院

奥 地 利 篇

萨尔茨堡：游记两章

1.亮泉宫："主教，您太调皮了！"

沉腰，侧身，向着左边迅速地滑出一步，猛一低头，已然避开了一道突兀而来的水箭。

这不是武侠小说中的场景，这是我在海尔布伦宫。

海尔布伦宫，更好记的名字是"亮泉宫"，大概是为了与维也纳的美泉宫呼应，而"泉"字，也确实道出了海尔布伦宫的特点。

建于1613—1619年（也有说1612—1615年）的这座宫殿，是当时的大主教马尔库斯·西提库斯所建的夏宫。上任不久的西提库斯主教，想念自己在意大利的生活，于是在海尔布伦山脚处营建了这座庄园，包括了宫殿、花园、动物园和剧院。

海尔布伦宫最出名的是动物园和喷泉。前者早在400年前就已经实行了大规模的放养式做法，举世闻名；而喷泉，是今天来访海尔布伦宫的游客们，对这座宫殿最深的体会。

跟在导游后面亦步亦趋，眼明脚快躲开偷袭而来的水柱，每个像我们一样略显狼狈的游客，心里大概都曾经恨恨地想过："大主教啊大主教，你还真是闲得蛋疼。"

这是此行德奥捷之旅中，唯一一个需要跟着导游走的地方，目的——当然是为了在我们身上洒洒水。每个导游带上一批游客在花园中游走，每到一个"景点"就停下来，

奥地利篇 **03**

沿着这片黄色墙壁一直走，就能到达亮泉宫

用德文和英文分别解说一下这里的由来、特色和故事，然后，偷偷地扳动机关，水柱从各种匪夷所思的地方飞溅出来，考验大家的轻身功夫。

遥想当年，主教召大家至夏宫开会，石头议事桌边各有两排石凳，官员们在此讨论议题，却在突然之间被淋了个落汤鸡。唯有正前方中间的主位幸免于难，主教大人得意扬扬地坐在那里哈哈大笑——这么调皮的大主教，你们见过吗？

整个海尔布伦宫的花园中，遍布溪流、池塘和水声淙淙的洞穴，青绿的树林中间，洁白的雕塑若隐若现。只是这美丽的花园里机关重重，要想"干"着出去，最好的办法就是紧紧跟随导游，时刻将与他之间的距离保持在30厘米内。

我早在网上做好了功课，所以干净清爽地走完了全程。当然，这样也就没那么好玩了，有些穿着防风外套的游客，还主动请缨，要求被淋呢。

走完戏水区，来到更广阔的外花园之中。德奥的这些宫殿城堡，外面美丽的花园都是免费的，只要不进入宫殿内参观，市民们随时可以拖家带口来这里遛狗、野餐、看书，享受不花钱的风花雪月。

有时间的话，还可以去半山的民俗博物馆，这里介绍了萨尔茨堡历史上的民间服饰、家居、艺术、医学、宗教信仰等文化民俗内容。不过，我们在花园中匆匆穿行，

这个鹿头里也会喷出水

奥地利篇 03

宫殿内部也以水为主题

花园中用模型演示了水力在古代生活中的应用

大水力钟是亮泉宫的标志

为的是寻找那座透明的玻璃房子。

1965年的那部美国电影《音乐之声》，改编自萨尔茨堡一位修女的真实故事，而影片也正是在这里取景拍摄的。如今萨尔茨堡旅游局开发出一条"音乐之声"的旅游路线，带着游客参观上校家的房子、躲避纳粹搜查的修道院等，不过剧中最温情可爱的一段戏——上校家大女儿与小男友晚上约会时的圆形玻璃房子，却被迁至海尔布伦宫，静静地位于花园一角，若非刻意去寻找，或许根本不为人注意。

真的看到实物，其实貌不惊人。不过很多时候所谓的探访，并非为了看到什么惊为天人的场景，而是为了那段埋藏已久的梦，那份回想起来有些温暖的小记忆。亲眼看一下，好的，那便可以了。《世说新语》中说过，王子猷风雪之夜忽然思念朋友戴安道，便夜乘小船前往探之。到达戴家门前，不入而返。别人问他何故，王说："吾本乘兴而行，兴尽而返，何必见戴？"那，又是更高一层的"见"与"不见"了。

所以在海尔布伦宫，淋没淋到水，无妨；去没去过动物园，也无妨。甚至找没找到玻璃小屋，都不是要紧事。要紧的是，我们乘兴而去，尽兴而归，这便足够了。

海尔布伦宫（亮泉宫，Schloss Hellbrunn）

地址：Fuerstenweg 37，5020 Salzburg

门票：10.5欧元。除了可由导游带领参观戏水宫之外，还能参观花园以及民俗博物馆。

开放时间：4月、10月、11月9：00—16：30；5月、6月、9月9：00—17：30；7月、8月9：00—21：00（18点以后只有水机关）。

网址：http://www.hellbrunn.at/

门票

《音乐之声》里的玻璃房子

25 路公交车下来就能看到指向亮泉宫的标识

遇见欧洲，遇见童话

无心私家攻略：

1. 从火车站乘坐 25 路公交车，大约 20 分钟后就能到达 Schloss Hellbrunn 站（海尔布伦宫，又叫亮泉宫）。下车就能看到房屋的墙壁上有着很明显的指路标志，沿着一片黄色墙壁的建筑一直走就能到达。

2. 亮泉宫是欧洲比较少有的需要导游带领进行参观的景点。购票后，门口的显示屏上会标示出 tour 的编号，以及入园的时间。

奥地利篇 **03**

2. 萨尔茨堡：昨日再来

9年前第一次到萨尔茨堡，是在一场大雪之后的寒天。

从冷得几乎可以把灵魂都冻得邦邦硬的慕尼黑，坐上火车到萨尔茨堡。刚出车站，走上不远就能看到雪山。那天阳光正好，远处的山峰像一大杯雪顶咖啡，凉冰冰的，但也甜蜜蜜的。

天气真的足以影响你对一座城市的印象。

9年前我眼中的萨尔茨堡，是轻盈的、甜美的，像棉花糖一样轻软柔美。城中的颜色都是最小清新的糖果色——柠檬黄的莫扎特出生地、粉红色的莫扎特故居、鹅黄的米拉贝尔宫、薄荷绿的主教教堂屋顶……

这一次来萨尔茨堡，是一个多云转阴雨的日子。

离开海尔布伦宫，乘上25路公交车，在满车厢小朋友的叽叽喳喳欢声笑语里，晃晃悠悠地回城。行上不到20分钟，就能看到河了。

跳下公交车，盐河已然在眼前铺陈开来。当年来的时候阳光猛烈，盐河两岸的高级酒店露台上撑起了遮阳伞，下面是彩色条纹的太阳椅，虽是冬天，仍有不少人躺在那里晒太阳——当然都穿着厚厚实实的衣裳。这一天却是阴霾天，抬头去看盐河对岸山上的城堡，真是一副乌云压城的凛冽样子。萨尔茨堡此刻褪去了它温情脉脉的模样，显出了这座几百年来大主教宫所在地的气势来。

记得20年前我也曾经爱读过余秋雨的书，有一篇开头他写道：在美国庆祝建国200周年的时候，苏州城已悄然度过了2000年的岁月。萨尔茨堡显然也当得起这样的赞誉。

公元纪年起萨尔茨堡就已经建城，45年的时候有了城市自治权。而在1600年前，

遇见欧洲，遇见童话

莫扎特小桥

莫扎特广场上的莫扎特像

莫扎特广场

奥地利篇 03

盐河

萨尔茨堡的市集

盐河旁的卡拉扬故居

这里就建成了第一座修道院——圣彼得修道院。绵延1000多年的时光，基督教在萨尔茨堡历史上扮演了极为重要的角色。

这是一座在极长的时间里，一直政教合一的城市。这里是大主教的驻地，管辖了今天的巴伐利亚和奥地利的大部分地区。一代代的主教们是萨尔茨堡的最高统治者，所以有了山上那座固若金汤的城堡，有了郊外"喷泉戏诸官"的海尔布伦宫，有了献给情人的米拉贝尔宫，当然，也有了大主教教堂。

只是，萨尔茨堡为何始终在世人眼中有着一份轻盈、温柔、华美的印象呢？当然不仅仅是因为它冬日里蜜糖刨冰般的雪景，还因为空气中永远挥之不去的音乐声吧。

这座规模远不能跟维也纳、慕尼黑相提并论的城市，竟走出去过那么多位永垂音乐史的大人物。飞扬跳脱、天真甜蜜的莫扎特，率真阳光、曲风浪漫的舒伯特（他出生于维也纳，但也曾长期生活在萨尔茨堡），才华横溢、演绎丰富的卡拉扬……这里好像天生就适合音乐的诞生，春之花夏之风，秋之落叶冬之雪，四季分明而又充满了韵律感。

"镶着金边的乌云"这句说滥了的话，却始终是最适合用来形容莫扎特，也最适合形容萨尔茨堡的。它和他轻佻浮华，却又天真烂漫。莫扎特在这里出生、受洗，在大主教教堂弹奏乐曲开始他才华横溢

083

而又短暂的一生。这城市的人，对音乐有天生的敏感，却又势利肤浅、趋炎附势，莫扎特在萨尔茨堡的日子并不算快活，所以他毅然决然地离去，毫不留恋。

如果他能够穿越时光回到今天的萨尔茨堡，看着粮食街自己的故居门前一个又一个扮成他的样子招揽游客的街头艺人，看着自己的头像被印在红的、蓝的巧克力球上，满大街都是自己的招贴画，不知道又会做何感想。

或许，他只会哈哈大笑，然后啐上一口，说："屎！"

♦ 玩在萨尔茨堡：必去景点简录

莫扎特故居博物馆

就位于萨尔茨堡最主要的商业街——粮食街（Getreidegasse）上，这里是莫扎特的出生地，现在是他的故居博物馆。里面并没有剩下什么他用过的实物，主要是一些介绍和陈列。

粮食街

莫扎特故居博物馆

门票：成人 10 欧元，儿童、青少年、老人均有不同程度的优惠。

地址：Getreidegasse 9，5020 Salzburg

网址：http://www.mozarteum.at/museen/mozarts-geburtshaus

萨尔茨堡主教教堂（Salzburg Dom）

大教堂最初的建造时期可追溯到公元 774 年，它的历史见证了萨尔茨堡教主的至高无上的权力与独立性。这座规模宏大的教堂，也是莫扎特当初受洗的地方，巨大的穹顶空间极为华美。

地址：Domplatz 1a，5010 Salzburg

门票：免费

萨尔茨堡主教教堂　　　　　　　　　　萨尔茨堡主教教堂

萨尔茨堡主教教堂

萨尔茨堡城堡

城堡是萨尔茨堡市内最重要的景点之一，始建于 1077 年，作为历任萨尔茨堡总主教的府邸，它是欧洲规模最大的中世纪城堡之一。城堡位于老城区的山上，可乘坐缆车上下山。

门票：城堡联票 11.3 欧元，单城堡门票 8 欧元。儿童、青少年、老人均有不同程度的优惠。城堡联票包括上下山缆车、城堡内部、博物馆、木偶博物馆等全部景点；城堡门票不包括小火车，需自己爬上山。

地址：Mönchsberg 34，5020 Salzburg

网址：http://www.salzburg-burgen.at/de/hohensalzburg

萨尔茨堡城堡

米拉贝尔宫（Mirabell）

原名"阿尔特瑙宫"。这是大主教沃尔夫·迪特里希·冯·莱特瑙于1606年为自己的情人莎乐美·阿尔特所建的宫殿。他将两人名字各取一部分，合成为"阿尔特瑙"。后来继任的大主教认为莱特瑙与莎乐美的恋情是一段丑闻，于是取消了"阿尔特瑙宫"的名称，改名"米拉贝尔宫"，Mirabell有"美丽"的意思，毫无疑问，这是萨尔茨堡城内最秀美的宫殿。其实在今天的人看来，大主教的爱情也无非是人性的体现。所以米拉贝尔宫是萨尔茨堡人最常举行婚礼的地方，其宫殿被称为"欧洲最美的婚礼堂"。

门票：花园和大理石厅均免费
地址：Mirabellplatz 1，5020 Salzburg
网址：http://www.salzburg.info/en/sights/fortress_palaces/mirabell_palace_gardens

米拉贝尔宫

吃在萨尔茨堡

北海鱼店（Nordsee）

奥地利著名的连锁海鲜快餐店，在维也纳、萨尔茨堡等城市主要的商业街上都可以看到这家店。菜式都与海鲜有点关系，各种鱼、大虾、牡蛎、青口、墨鱼等等。可自助选择，统一结账。

北海鱼店

Almdudler，相当于奥地利的可口可乐，国民饮料

Kersl 餐厅

就在粮食街 Goldener Hirsch 酒店附近的胡同里。它也是酒店经营的一家主理奥地利传统菜肴的餐厅，用餐气氛很温馨，很轻松。推荐菜式：Fritattensuppe（清炖汤里加了切细的薄饼）、Gulyas 炖牛肉、巧克力蛋糕。

Goldener Hirsch

这是萨尔茨堡最好的酒店，就在粮食街上。酒店自己的餐厅就是很多旅游书推荐的，三道菜的套餐35欧。前菜有汤、烟熏三文鱼和色拉，还有个特色拼盘包括牛肉冻、熏鱼和鹅肝。主菜都是奥地利风味菜，推荐煎小牛肝。套餐还包括甜点和鸡尾酒。

购物在萨尔茨堡

萨尔茨堡推荐购买手信：

1. 盐。盐可是萨尔茨堡的特产，萨尔茨堡的城市名字Salzburg本身就是德语中"盐堡"的意思。

2. 莫扎特巧克力。红色那种是最常见的，价格也很便宜，一包15颗左右，售价不超过7欧。遇到优惠的时候，不到5欧就能买上一袋。而这种蓝色莫扎特巧克力Furst，是萨尔茨堡最出名的巧克力品牌，价格就要贵多了，而且味道不像红色莫扎特那么甜腻，如果是自己尝或者送给关系好的亲朋，那一定要试试这个了。

盐

莫扎特巧克力

哈尔施塔特：人间若有仙境

决定去哈尔施塔特（Hallstatt），是因为一张照片。

日出之前，这个湖边小镇笼罩在一片幽蓝之中，晨雾已经渐渐泛起，漂浮在水面与屋顶之上，看上去比梦境更加迷幻。从那一刻起，我就已经把它看作人生一定要去的地方之一。

从莫扎特的故乡萨尔茨堡出发，乘公车到湖区的城镇，再转火车前往哈尔施塔特。下了火车，还需要乘上渡轮，才能到达湖对岸的镇子。

"Hello！"渡船售票的小哥对着我们微微笑道，接过我递去的钱，麻利地撕下两张绿色的船票，又将票子的一角扯开一截，以示"检过票"了。刚刚将行李安顿好，汽笛声里，渡船缓缓启动。

正是暮色四合的时分，阴雨了一天，此刻远处青黛色的山尖之上，一抹晚霞正映红了小片天空。渡船上一共6个人，都是来自异国的游客。除了我们之外，还有两个跟我们同班火车而来的美国少女和一对韩国情侣。顾不得此刻光线黯淡、湖景朦胧，几个人笑闹一阵，趁着横渡湖面的10分钟，竟也拍了无数照片。

"Look！"金发女生指着远处岸边的点点灯火，起伏的山峦脚下像被仙女的魔术棒忽然点了一下，那些木头房子、尖顶小教堂忽然变得清清楚楚，似是极远，又好像瞬间已经在眼前。不知什么时候，什么缘故，甲板上安静下来，只有轮船的发动机低沉的嗡嗡声。6个来自世界不同角落的人，看着同一个方向，几乎屏住了呼吸。

"太不可思议了……"这声用英语说出的感叹，是所有人的心声。这个在照片上、明信片里见过无数次的小镇，哈尔施塔特，就这般近在眼前了。

这一夜，天空幽蓝，没有星星。我们找到旅馆放下行李，又出门吃过饭。在夜晚

遇见欧洲，遇见童话

静寂无人的小镇街道上缓缓而行，路灯投下长长的影子。分明可以嗅到身边水的味道，却又不像海，竟一丝声响都没有。我们俩坐在岸边的木头长椅上，看着远处山头灯塔的一线光芒，默默无语。

哈尔施塔特的第一夜，既短暂，又漫长。

我把闹钟定在清晨 5 点 30 分，醒来的时候，窗外一片漆黑。耳边极安静，没有城市苏醒之前清扫街道的声音，也没有汽车喇叭和早点摊的声响，整个小镇都在安眠。于是我听到了雨声，淅淅沥沥落在露台的木头地板上。

没有晨雾，更不会有日出。这个清晨，与我记忆中的那幅画面无缘。我又睡个回笼觉，直到天色大亮，雨势渐歇，这才出门晃荡，去看一看这个"世界上最美丽的小镇"。

小镇虽然极为迷你，只有一条主路，整个村镇沿湖而建，不过却有着非常悠久的历史。

早在 3000～4000 年前，哈尔施塔特就已经有人类居住，这一带山岩中丰富的盐矿吸引了古凯尔特人在此开采、生活。哈尔施塔特的古文明遗迹中，发掘到的最古老的墓穴出自公元前 800 年，其中出土了铜制和铁制的刀、剑等武器，还有各种铁器、

小镇的"明信片"位置

奥地利篇 03

小镇盛产盐，所以有各种盐手信

小镇教堂的纳骨堂

小镇教堂旁的墓地

工具，这让哈尔施塔特被称为欧洲铁器时代的发祥地。

今天，这里还留存着世界上最古老的盐坑，更令人吃惊的是，它至今还在作业！从小镇的主广场出发，向山上步行，半个多小时之后就能够到达盐矿。在休息室里穿上特制的防护服，坐在轨道矿车里，就能进入寒气逼人的盐矿深处。一路上经过的矿道中都会有各种声光展示，导游也会详细讲解这一绵延千年的历史奇迹。

相对冷冰冰的盐矿，我们对小镇教堂中的纳骨堂更感兴趣。

数百年前，早在哈尔施塔特刚刚开始兴建城镇之时，人们就将依山面湖的一片视野绝佳之地规划成为小镇的墓地。只是在漫长的岁月中，镇上的人口逐渐增多，原有的这片小小墓地再也无法容纳更多的逝者。于是不知从什么时候起，在哈尔施塔特就形成了一个独特的风俗：逝去的人在墓地入葬十年之后，会由亲属将其骸骨起出，清理过后只留下腿骨和颅骨，颅骨上还由专业纳骨师进行装饰，绘制上鲜花、绿叶、十字架等图案，写上逝者的名字与生卒年份，然后放入教堂旁边的纳骨堂中保存。

今天，保存在纳骨堂中的骸骨，大多属于18—19世纪的当地居民。不过，小镇郊外现在有了一座规模更大，更加现代的公墓，近50年来已经很少有当地居民还会选择让自己最终归宿于纳骨堂了。最

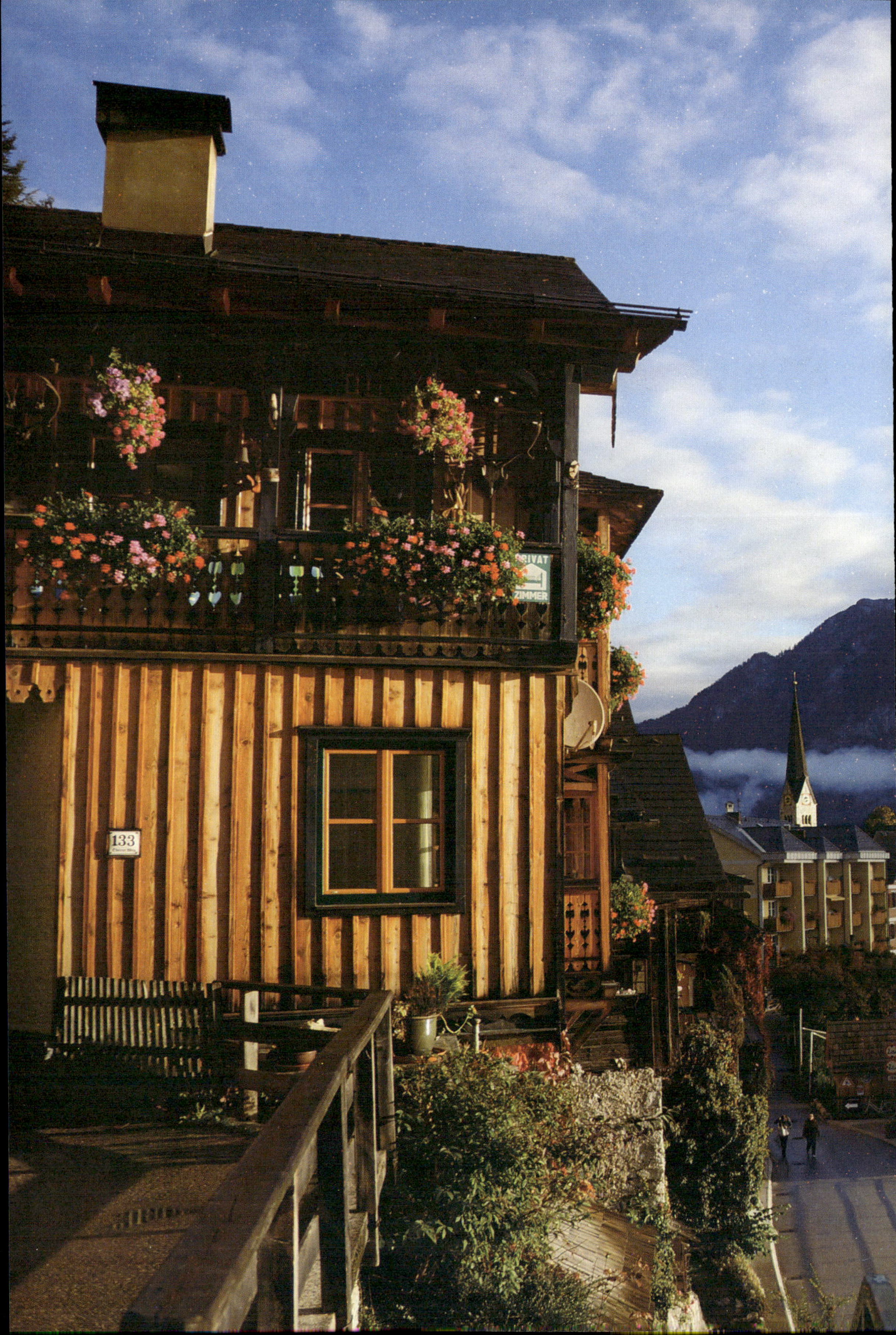
PRIVAT
ZIMMER
133

晨曦中的哈尔施塔特

小镇中心广场

小镇教堂

后一位留下遗嘱要求进入纳骨堂的人，是一位逝于 1983 年的女士。

"我们曾经就是现在的你们，你们终将成为现在的我们。"这就是纳骨堂所要告诉人们的哲理。

哈尔施塔特的第二个清晨，在闹钟声里醒来，起身向窗外望去，不由轻轻地在心里叹一口气——终于，还是见到了。

远山与湖水都静默着，白云如同长长的鲤鱼旗，拖着尾巴，飘荡在山水之间。虽然不及记忆中那张照片里所看到的弥漫在整个天地之间的晨雾那么壮观，但这份静谧与秀美，已经让我满足。

渡船往来于小镇和火车站

　　早餐时，坐在面湖的位子上，只听刀叉与盘子轻轻碰撞的声音，我们很有默契地并无交谈，而把专注都给了眼前的景象。

　　太阳仿佛一下子就从山背后跃出，湖面上瞬间金光万丈，晃得人几乎睁不开眼睛。镇子依然安静着，连教堂的钟声都不得闻，而阳光已经洒遍了整张餐桌，让房间变得暖意融融的。

　　整座小镇都鲜活起来。木头房屋的墙壁上，爬山虎绿得鲜嫩欲滴，每家每户的窗台上都有鲜花盛开。石子路被前一天的雨水冲刷得干干净净，空气里都是植物若即若离的香气。

　　走得累了，就坐在面湖的餐厅里，吃着哈尔施塔特最不可错过的名菜——烤红点鲑和蒜蓉大虾，用一杯白葡萄酒佐餐，饭后还跑去湖边平台上，把酒店提供的隔夜面包撕成一小块一小块的，喂给湖里的天鹅和鸭子。

　　离开哈尔施塔特前，我在旅馆的留言簿上认真地一字一字写道：

　　"哈尔施塔特的两天两夜，看过夜色与天光，看过雨景与阳光，尝过美食好酒与咖啡，它的风花雪月都长存在心里。我会记取这片湖光山色，记取那些清晨与日暮，并且在未来的人生里，不断回味，继续沉醉。"

🎈 玩在哈尔施塔特

1. 参观盐矿：哈尔施塔特有着世界上最古老的盐坑，它不但至今仍在作业，而且还成为一个"盐矿博物馆"，供游人参观。在这里，乘坐矿车沿着轨道而行，可以通过多媒体方式了解哈尔施塔特的盐矿历史。

2. 漫步小镇：这座小镇有着"世界上最美的小镇"之称，每一个角落都精致可爱。闲来不妨在小镇的主路和小巷中穿行，看看花，逗逗猫，喂喂天鹅，欣赏湖光山色的美景。

3. 天气好的时候还可以租船游湖，从另一个角度来欣赏这座童话仙境一般的小镇。

4. 如果逗留的时间够长，还可以乘坐公车去附近的另一个小镇戈绍（Gossaumuhle）游玩，戈绍湖的景色同样非常美丽。

漫步小镇

🔶 吃在哈尔施塔特

这里列举了餐厅、咖啡馆、流动小食车等。有些是我们自己品尝过，有些则来自网络上其他网友的推荐。

Gasthof Zauner 烤鱼

好评如潮、历史悠久的 Zauner 烤鱼店。烤鱼当然是必点的，除此之外，甜品 Salzburger Nockerln 也很有特色，值得一试。不过，这家口碑现在不是特别好，如果在哈尔施塔特待的时间长，那不妨去试试。

地址：Gasthof Zauner, Seewirt Marktplatz（就在小镇中心广场的角上，那幢满是爬山虎的房子），A-4830 Hallstatt

电话：0043-6134-8246

Gruner Baum Hotel

小镇最大的酒店之一（黄色建筑），就在小镇中心广场一侧。餐厅临湖而建，可以坐在湖边，也可以在室内。餐厅很贴心地在岸边放一篮隔夜的面包，可以供客人喂食天鹅。

无心强烈推荐这里。大虾非常好吃，也不贵，6 个才 15.9 欧元，大虾意大利面（有点辣的，13.9 欧元），牛肝丸子汤，还有雪糕和白酒都值得推荐。这家的鱼料理也不错，鳟鱼 17 欧元，红点鲑 21.9 欧元。

Gruner Baum Hotel 的餐厅，强烈推荐

Heritage Hotel

镇上最大、最高级的酒店之一，就在码头边上。餐厅内提供免费 wifi，好像在小

镇是独一无二的。我们只在他家喝过咖啡，两杯咖啡6.8欧元。这里也有正餐供应的，不过我们没有尝试。

Gasthof Weisses Lamm

家庭旅馆并附设餐厅，位置比较隐蔽，在博物馆旁边的小广场后部一条小路进去，这条小路同时也会通往我们的旅馆。

套餐都很划算，价格在10～12欧元，包括例汤、沙拉、主菜和蛋糕。烤鲑鱼配土豆和沙拉，16.5欧元。白酒1.8欧元。味道还可以，价格很实惠。

Kebat（土耳其烤肉）

码头旁边就有一家小小的Kebat店，这家的肉烤得不错，量也不少。

烤鸡和热狗铺

小镇汽车站旁边有一家流动车售的烤鸡和热狗铺，半只鸡4欧元，也有饮料供应。可以打包也可以坐在那儿吃。

小镇最大的酒店之一 Heritage Hotel

Gasthof Weisses Lamm 附设的餐厅

炸猪排也是奥地利著名美食

烤鸡和热狗铺

🔆 住在哈尔施塔特

哈尔施塔特镇上有两间规模较大的酒店，通过 booking 网站就能预订，不过我比较推荐家庭旅馆。房间更大，而且景观也很好，比酒店更便宜。

www.hallstatt.net 这个网站上有许多当地的家庭旅馆可供选择。

Private rooms Gummerer

这是我们当时住的旅馆，相当值得推荐，只有顶楼的 2 个房间可供出租。其中我们住的房间是一个套间，包括一大一小两间，一共可以住 4 个人。还连着一个私家露台，直接面湖，风景绝佳。

旅馆由老先生和老太太两人经营，如果需要上网，可以使用老先生书房的电脑。

旅馆的私家早餐

不过我们在喝咖啡的酒店用了免费 WiFi 之后，也就没有去用房东的电脑了。

房间内的设施极为完备，还有电视、录像机和音响，柜子里还有急救包、针线包，甚至还有近 10 种桌游、玩具和牌！考虑得非常周到。

盥洗室和浴室在套房内，卫生间是楼层公用的。卫生间里有吹风机、洗发水、沐浴露、须后水和毛巾等。

价格：60 欧元（含双早）

地址：Dr. Mortonweg 162, 4830 Hallstatt

电话：+43（0）6134 / 8484

手机：+43（0）650 / 6134 848

E-mail：gumerer@a1.net

网址：http://www.haus-gummerer.at.tf

无心私家攻略：

前往哈尔施塔特的交通方式：

1. 从萨尔茨堡到哈尔施塔特，有两种方式：一是从萨尔茨堡乘火车到巴德伊舍（Bad Ischl），再从巴德伊舍换火车去哈尔施塔特。二是从萨尔茨堡乘150路公车到巴德伊舍，再转火车去哈尔斯特塔。网上攻略普遍都说第二种走法更快，150路公车的班次更多，我们也是选择了第二种方式。

巴德伊舍火车站，从这里可乘车前往哈尔施塔特

2. 由于哈尔施塔特是一个既没有售票员也没有自助售票机的无人小站，而且离开哈尔施塔特前往其他城市的话，大多需要在巴德伊舍转车，因此在前往哈尔施塔特之前，最好先在萨尔茨堡或者巴德伊舍买好自哈尔施塔特出发的火车票。如果事先不买好票的话，上车也可以补票，但据说价格就贵多了。

3. 我们是在萨尔茨堡火车站就事先买好了第二天从巴德伊舍到哈尔施塔特的火车票以及两天后离开哈尔施塔特那日的团体天票。这种天票可供2～5人出行使用，只限乘坐慢车，但是价格比快车票可便宜至少50%。

4. 150路公车的起点站在萨尔茨堡火车站门前的公交总站。请注意，不是每一班150路公车都到达巴德伊舍，有些班次是短途车。请事先在萨尔茨堡火车站的Info问讯处拿好150路公车的时刻表，以免乘错车或者误车。150路公车的车厢上面也有显示屏显示终点站，上车之前注意一下。

5. 150路公车从萨尔茨堡到巴德伊舍的车票是10.5欧元（每年都会有小幅上涨）。上车之后，坐在左手边的风景比较好，可以看到沿途经过的好几个湖。

巴德伊舍：地上的天堂

一代中国人关于"欧洲公主"的想象，大约更多地来自电影《茜茜公主》，而非迪士尼动画片里的美人鱼。至今我还记得黑白影像中的那个阳光明媚的午后，斑驳的阳光透过树叶的缝隙照在清可见底的特劳恩河上。

她笑语盈盈，说："嘿，看我钓到了什么？"

他那时风华正茂，在初见的一刻，两个人的人生就已经注定改变。

不过后来我才知道，事实其实是另一个版本。年仅 15 岁的少女茜茜陪着妈妈和姐姐一起去皇家温泉小镇，她的姐姐 Nene 原本是未来的奥地利皇后人选，但在家庭茶话会上，弗朗茨皇帝却对小表妹一见钟情。这位性格有些内向、木讷的年轻人，甚至"开心得容光焕发，完全是意乱神迷"。

不管开头是在河边抑或在行宫，这场邂逅，发生在巴德伊舍。那次盛大的订婚，也在巴德伊舍。

只是婚姻如人饮水，冷暖自知。很多年之后，对弗朗茨·约瑟夫皇帝来说，人生若真能只如初见，那该多么好；而对于伊丽莎白皇后，假如时光倒转，或许她宁肯没有陪伴姐姐来到巴德伊舍，没有过上那表面"童话"、内心痛楚的皇后生活。

与维也纳不同，今天我们走在巴德伊舍小镇里，几乎看不到太多与茜茜公主或者哈布斯堡王朝有关的东西。

不过事实上，这座以温泉出名的小镇，与奥地利王室有着不解之缘。传说，100 多年前的弗朗茨·卡尔大公与妻子索菲结婚已久却膝下无子，维也纳的医生建议他们到巴德伊舍休养。或许是此地的温泉确有奇效，或许是这里的山水风光令人心情舒畅，总之，大公夫妇后来连得数子，其中包括后来的弗朗茨·约瑟夫皇帝。

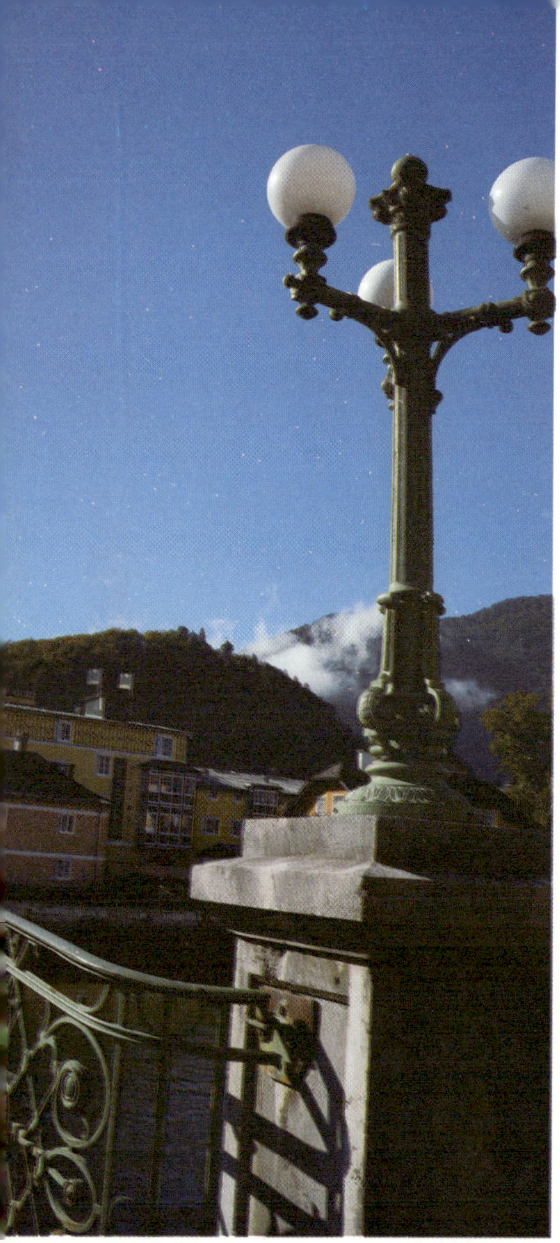

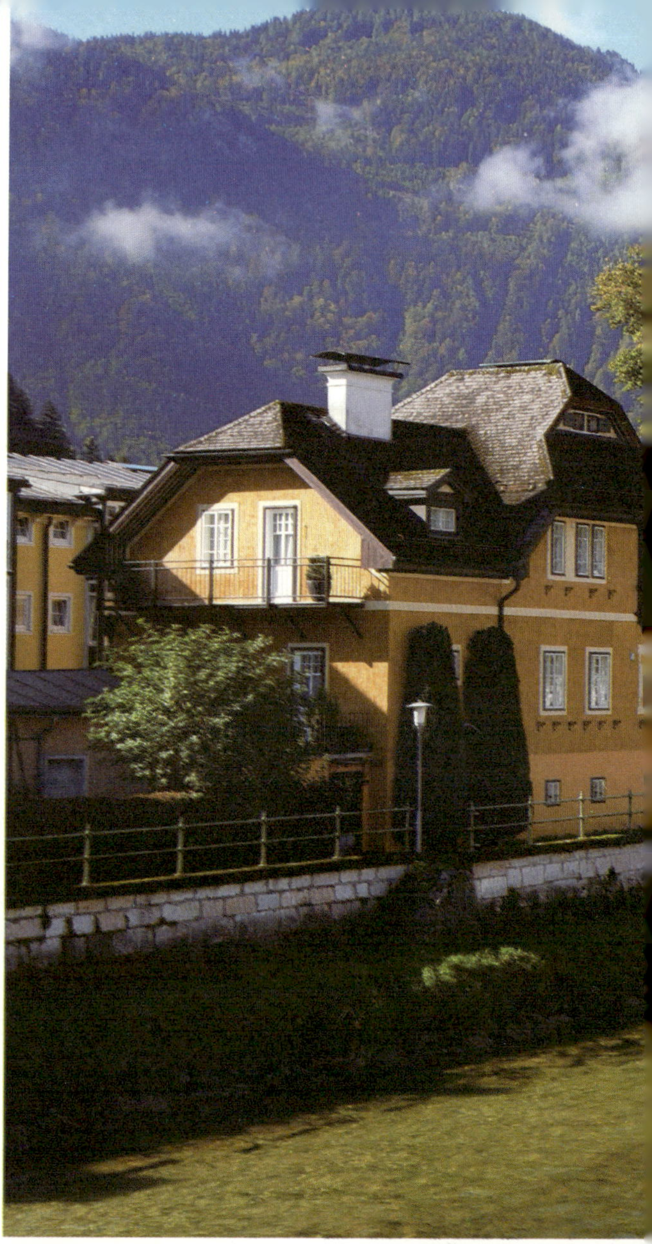

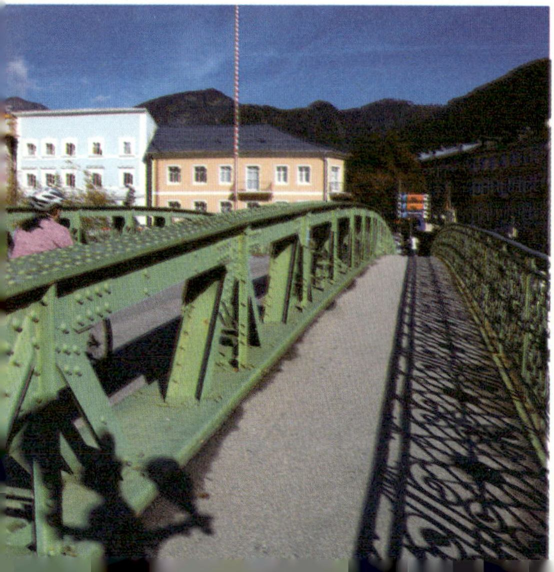

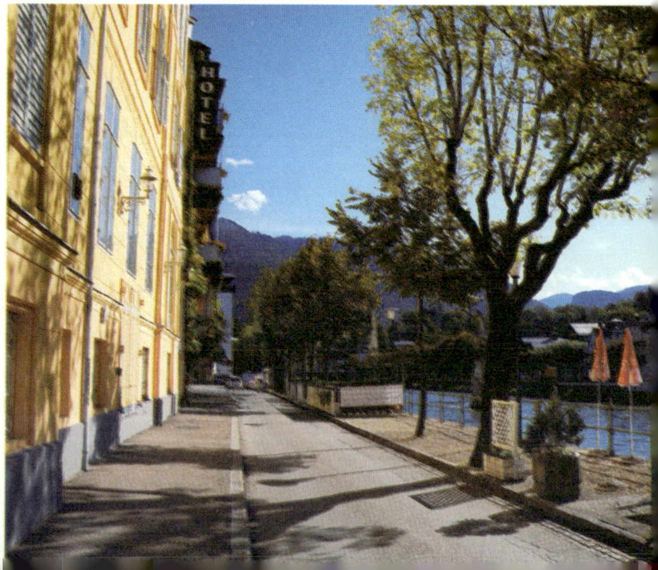
HOTEL

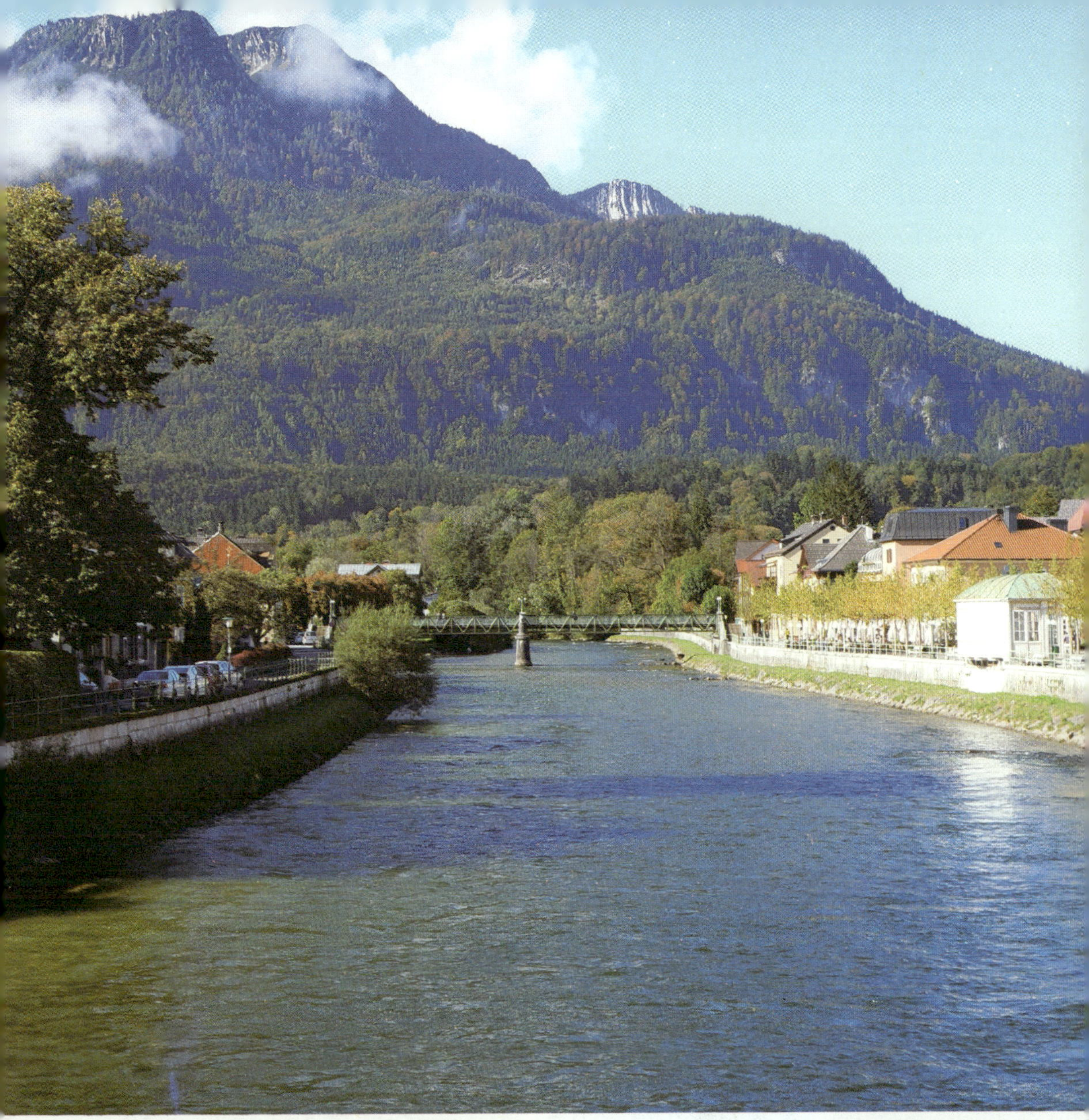

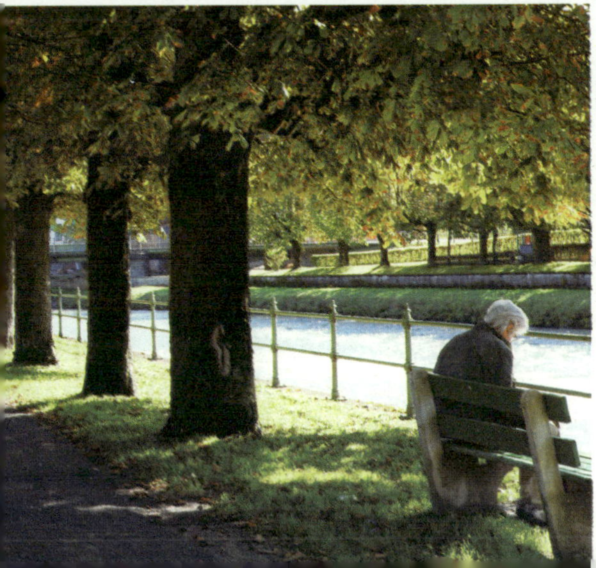

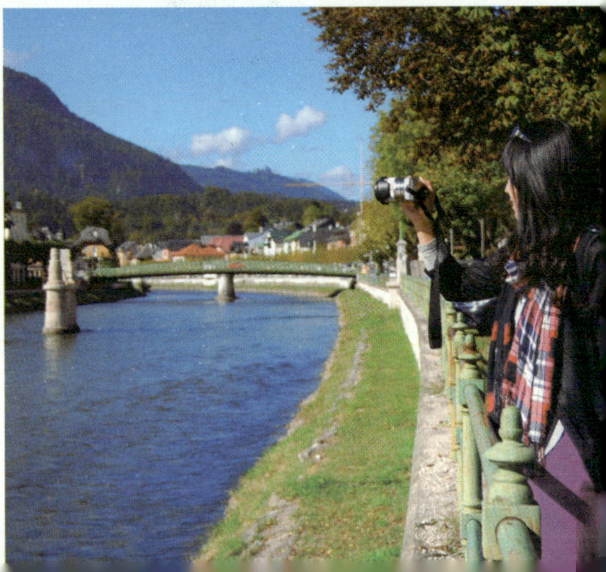

遇见欧洲，遇见童话

　　二十多年后，年轻的皇帝又在这里遇见了茜茜公主，两人订婚后，索菲皇太后将此地的一处宫殿送给他们二人作为夏宫。弗朗茨皇帝极为喜爱巴德伊舍的景致，称这里是"地上的天堂"。

　　"地上的天堂"，对皇帝的这一形容，我们在第一次听到的时候，都不由自主地点头，深以为然。

　　小镇被群山环绕，每到冬天，山头上落着一层雪，像戴上漂亮的白帽子。特劳恩河蜿蜒流淌，将镇中心绕了一圈，河水极清澈，底下的水草鹅卵石都清晰可见。在深秋初冬时节，河岸两边满眼的金黄树木，阳光一般耀眼。深深呼吸过河边清冽的空气，再去温泉馆泡个够，人生夫复何求。

特劳恩河上的桥上的雕塑

奥地利篇 **03**

　　周末的时候，镇中心的街道上总有露天市集，售卖新鲜蔬菜水果、自家制作的奶酪、手工编织的羊毛袜，或是"农家"橄榄油与自酿美酒。也有刚出炉的面包、糕点。不过德国、奥地利的面包甜品，与法国的风格全然不同。前者扎实厚重，分量十足，一看就是管饱的；后者则让人想到《绝代艳后》这部电影，糖果色的"少女酥胸"（马卡龙）、裹着脆皮的"皇后一口酥"，淋了樱桃糖浆的水果蛋糕……法国人的每一天都要过得声色犬马，而日耳曼民族则务实、坚韧、毫无矫饰。

　　我们也曾特地去品尝过著名的皇家糕点店Zauner。它诞生于1832年，是当年奥地利皇室贵族在巴德伊舍的时候必定会光临的店家。

　　糕点店就位于我们之前路过的步行街，小镇唯一的商业中心。外墙是美艳的玫粉色，所以你绝不会错过它。靠门口的那些位置边，墙壁上如同许多奥地利的咖啡馆、甜品店一样，都挂着茜茜公主和弗朗茨·约瑟夫皇帝的肖像。

巴德伊舍的周末市集

　　一进门，就是一个巨大的环形蛋糕柜台，各种各样的甜点、蛋糕和巧克力足足摆了一整圈。在这里点好你要的糕点和冰淇淋，然后进店堂里找位置坐下，点饮料和其他食物。我们每人要了一份蛋糕和一杯饮料。与维也纳著名的萨赫蛋糕相比，Zauner的糕点没有那么甜腻，栗子泥和杏仁都非常香，配上微苦的浓缩咖啡与英国茶，就是一顿完美的下午茶。

　　我们在巴德伊舍所度过的一天，悠然自得、闲适快活。对于时间充裕的游人来说，还可以在这里住上一两晚，泡一泡弗朗茨与茜茜公主最爱的温泉，体味一番帝后般的享受。

壮观的邮政大楼

　　但对那位热爱自由、讨厌束缚的皇后来说，对站在哈布斯堡王朝的尾声却无力挽回覆灭命运的皇帝来说，真实的生活充满了挣扎、分歧、失望与泪水。

　　1896年7月16日，伊丽莎白皇后走出巴德伊舍宫殿的大门，开始了又一段新的旅行。自从心爱的儿子去世，她便心灰意懒，寄情山水之间，旅行成了皇后排解忧伤、打发时间的方式。一路走走停停，一去便是两年，她却再未归来。1898年9月，皇后在日内瓦被一个意大利无政府主义者刺杀。弗朗茨皇帝听到她的死讯，沉默了很久之后，对贴身男仆、也是他忠实的朋友说："你不知道，我有多么爱这个女人。"

　　童话故事总要终结，最好时针永远停留在"从此，他们幸福地生活在一起"。只是，故事虽然大多不真实，巴德伊舍的美却毫无疑问。古来隐士皆爱的山、水、风、雪、花、月，这里都是最美好的，假若你也是那位厌恶王室繁文缛节的公主，你也一定时刻渴望着逃离维也纳，只愿长住巴德伊舍，从此不理世间事。

奥地利篇 03

圣尼古拉斯大教堂

无心私家推荐：

1. 小镇非常迷你，旅程时间紧迫的话，在这里逗留半天也足矣。而有兴趣试试皇家温泉的游人，可以去温泉水疗宫Kongresshaus，体会帝王的享受。

2. 小镇的著名景点还有圣尼古拉斯教堂，其前身始建于1344年。虽然规模并不算太大，但它是我见过的最精致的彩绘教堂。几个世纪来，一代代画师

温泉水疗宫

109

们极为耐心地将每一个角落都认认真真地画满了圣徒和圣经故事，很值得一看。

  3. 到巴德伊舍，不可不尝的美食当然是Zauner的甜点了。奥地利皇室成员们来到巴德伊舍度假的时候，都一定会光顾这里，因此也被称为"皇家糕点店"。蛋糕的种类十分丰富，每块3～5欧元，值得在这里消磨美好的下午茶时光。

图文实录：前往维也纳，路阻且长

这是一个秋光格外温柔的下午，黄昏的阳光是艳丽的橘色，温柔地笼罩下来，在Cappi的头顶染出灼灼的光华。

傍晚的风并不太凉，影子长长地拖在站台上，我们俩都默默地坐着，10分钟，20分钟，30分钟……她关掉手中的电子书，抚平了衣角，然后站起来。我转头望向远方，西斜的夕阳忽然刺痛了眼睛。

"来了。"Cappi低声说。

5个小时前，当我们离开巴德伊舍踏上前往维也纳的路途时，心情有些忐忑，毕竟这一路我们需要转车3次，从下午13:36一直到19:40，旅途长达6小时。这就是省钱的代价，如果乘坐奥铁OBB快车，全程约3个半小时，而两个人的票价高达90多欧元。反正这个下午也没什么事，巴德伊舍也已经逛得够尽兴，我们遵从网友们的攻略，决定使用团体天票einfach-Raus-ticket。

车票是几天前在萨尔茨堡火车站就预先买好的，第一程从巴德伊舍到安特南·布海姆（Attnang-Puchheim）。上车前曾经发生过一个小意外，列车临时改了站台，广播用德语说了几遍，我们却完全听不懂。眼见列车停到了隔壁站台，人们哗啦啦地上车，我们俩有些慌张，我拉住一位火车站的工作人员大叔，把打印出来的转车时刻表指给他看，他立刻点点头，指着那列火车，说："Yes,Yes!"

幸好巴德伊舍火车站太小，换站台无须下去走地道，直接跨过铁轨就行。饶是这样，我们俩拖着巨大的行李箱上下月台依然气喘吁吁。上车时，那位站台大叔主动上来帮了我俩一把，待到列车门关上，火车长叹一口气，启动，Cappi忽然道："谁说欧洲人绅士的？这还是第一个主动帮我们搬行李的男士，可惜……是位大叔。"

沿途风光秀丽，依然会经过好几个湖。

第二程的目的地是林茨，在这里需要停留近一个小时。

林茨是一个大城市，火车站自然也是个大站。我俩在这里吃吃麦当劳下午茶，刷刷微博，逛逛超市，买了一堆零食。

　　第三程到达阿姆斯泰腾（Amstetten NO）站，悲剧发生了。

　　因为从林茨出发的火车误点了5分钟，而在阿姆斯泰腾的转车时间仅3分钟，且不是同一站台。我们在列车驶入阿姆斯泰腾火车站时已经忧心如焚。Cappi眼尖地看向站台对面，说道："不用走地道，对面就是我们要转车的4A站台！"而此刻，那个4A站台上正有一列火车停靠在那里，分明就是我们要转的车嘛！

　　一下车，许多人呼啦地涌出去，直奔对面的火车。我们也不例外，匆匆忙忙把行李搬上去，很快车就开了。我忽然从车窗中看到站台上那几个泰国少男少女，他们刚才就坐在我们后面一排座位，旁边有个奥地利人一直与他们用英语搭讪，我分明听到他们曾说过，目的地也是维也纳西站。

　　我忽然有一种不祥的预感。

　　20分钟后，车到下一站。恰此时乘务员走到我面前查票，看过我们的团体天票后，他点点头转身要走。我赶忙叫住，飞快地问："请问，这车是去维也纳西站的吗？"

　　他扬起眉毛惊讶地看着我，然后道："No,no，你们坐错方向了。"

　　晴天霹雳！我们俩顿时有点傻了。乘务员迅速走到车门口，伸出半个身子对着火车头方向做"且慢"的手势，尖锐地吹了几声哨子，然后二话不说地拎起我的箱子就下车。

　　"记得，乘坐反方向的车！"他站在车厢门口，对着我们微笑挥手。我们俩依然傻愣愣地站在原地，甚至忘记抬起手作别。

　　就这样，在这个陌生的、名字奇长的小站，开始了漫漫等待。反思了半天刚才乘错车的问题，想来应该是该4A站台的前一班车也误点了，我们冲下车的时候，连看都没看4A站台上的信息显示屏，太过自信也太过匆忙。至于前往维也纳西站的那班车，应该是下一班。

　　错误已然铸成，也只能既错之则安之。

　　我们俩徘徊在那个陌生的小站，乘错的列车施施然离去。而站台上的一位中年男士显然看到了整个过程，怜悯地看着我们。

　　他几乎不会英语，却拉着我指指月台上的大屏幕。我看了又看，再研究了一番站台上贴着的列车时刻表，终于明白我们首先要做的，还是回到阿姆斯泰腾，再从那里乘坐去维也纳西站的火车。

25 分钟后，去往阿姆斯泰腾的列车来了。中年人主动帮我们搬上了行李，又坐在后面一排座位上，慈祥地看着我俩。

到站后，他又对着我们使劲招手，一马当先下到站台地道里，那里有数个显示到站和出发的大屏幕，他用手指在屏幕上一个个点过来，找到"维也纳西站"再看时间和站台号，然后又带领我们冲上站台。

"嗯！"他指指脚下，欣慰地笑了。

距离刚刚看到的时间还有 10 分钟，Cappi 坐下来看着行李，我却又一次跑到了地下通道。刚刚被中年人一番指挥，昏头昏脑根本没看清楚屏幕显示。像我这种不把一切都 100% 搞清楚不安心的人，实在放心不下。

重新仔细研究一番才发现，10 分钟后的确有一班前往维也纳西站的列车，但……那是快车！我们使用的优惠天票按理说是不能乘坐的。

犹犹豫豫之间，火车倒是已经进站了。我看着车头上用帅气的姿势走下来的列车员，立马冲上去把自己的转车表和车票给他看，他微微点头说："这班车，你们能乘的！"

"真的？"

"真的！"

我回头对着 Cappi 使劲挥手，两个人飞快地将行李搬进最近的一节车厢。找了个位置坐下来，喘了几口气，肚子倒是饿了。

已经 7 点半了，我们还没吃晚饭。国王湖那晚的悲惨遭遇似乎又在重演，所以当那位列车员走到我们面前检票时，我再一次问他："这张天票，真的能乘这列车？"

他似乎刚刚发现到票子的问题，皱了皱眉，在我身边坐下来，然后唰地掏出一本厚厚的时刻表，研究了几分钟后抬起头说："天票确实不能直接乘到维也纳西站。不过从这里到 X 站之间的路段是可以乘的，你们到 X 站之后，在某站台换乘某某号列车，就能到达了。转车时间是 30 分钟。"我赶紧掏出本子和笔，把 X 站、某站台和某某号列车统统记下来。

其后的一切都还算顺利，当然时间是大大地耽搁了。等待转车的 30 分钟时间里，我们俩已经饿得头晕眼花。车站的其他餐厅、面包房都关了，唯有麦当劳依然明亮温暖照人心。于是，我们买了一盒面条——今天的第二盒面条。尽管味道普普通通马马虎虎，但是热气腾腾的面条下去，简直要感动得流泪了。

维也纳，我们来了。

维也纳：游记两章

1. 灵魂安息的雨夜（中央公墓）

20多年前我还是个小女生的时候，每次弹到贝多芬晚年的奏鸣曲，总觉得曲调极为奇怪，谈不上好听，仿佛一个人被困在网中，四肢极力伸张却始终无法破网而出，其中的沉郁、苦涩与愤懑，即便我还在"不识愁滋味"的年纪，也能从指尖中深深感受到。

站在中央公墓的贝多芬墓前，我忽然又想起了这些陈年往事。写下那些奏鸣曲时，贝多芬已经耳聋，所有的音符不再通过耳朵来聆听，节律、平衡、和弦都不再重要，一切都纯出于心声。他是那么骄傲、那么热爱自由的人，却一生不得自由。童年时困于父亲的鞭子之下，而45岁以后双耳完全失聪，从此困在无声的世界里。曾经的少年意气风发，温柔心境，都早已被时间磨砺而去，写下过《致爱丽丝》与《月光曲》的天才年轻人，死于1827年那个格外寒冷的初春。

我们在维也纳的第一天，阴雨日。走进中央公墓的时候，天色已经阴沉无比，乌云堆积，酝酿着一场大雨。

这座面积非常庞大的公墓，容纳了100多万个安息的灵魂，按照宗教信仰的不同而被划分为基督教墓区、犹太教墓区、伊斯兰教墓区等。而其中最为出名的一块，就是音乐家墓园。维也纳有"音乐之都"的称誉，那些生前在维也纳创作、演出、爱过笑过也苦痛过的音乐大师们，死后也永远地长眠在这座城市。

奥地利篇 03

雨夜

　　莫扎特与贝多芬两人生前交好，莫扎特年长些，他在听过初到维也纳的青年贝多芬的演奏后，曾说过："这个人将给世界带来一些值得听的声音。"

　　而贝多芬也真心地仰慕莫扎特，为他写下过这样热情洋溢的文字："我过去一直是莫扎特最热烈的崇拜者之一，我现在和将来仍将是如此，直到生命的最后一息。我认为您的作品在所有其他剧作之上，每当我听到您的新作就心花怒放，并且对它比对我自己的作品还要感兴趣。总之，我钦佩您并热爱您……您将永远是我最敬佩的当代人，如果您能给我写几行字、给予我莫大的快乐，我将感到宽慰，艺术将所有人汇集在一起，特别是那些真正的艺术家，您或许容我把自己也归于这类人的行列中。"

　　这对生前惺惺相惜的音乐大师，死后的墓地也相伴在一起。莫扎特纪念碑在整个音乐家墓园的正中，四周环绕着勃拉姆斯、舒伯特、施特劳斯……每个名字都曾熠熠生辉，他们都写下过动人心魄的乐章。

　　广为人知的一个说法，是讲莫扎特去世时贫病交加，被草草葬在平民公墓，连墓碑标识都没有。待到后人想去寻访，已经再也无法确认哪具骸骨属于这个世界上最伟大的音乐天才。所以今天在中央公墓音乐家墓园的，只是他的纪念碑。

　　也有传说，莫扎特去世的第二天，就在维也纳的斯蒂芬大教堂举行了他的追思弥

115

遇见欧洲，遇见童话

施特劳斯墓

舒伯特墓

贝多芬墓

莫扎特墓

撒，并将他葬在中央公墓。这种说法未经证实，但无论如何，表达了人们的一份美好心愿。

离开的时候，雨滴终于落下。我和Cappi坐在有轨电车里，跟着车辆轻轻摇晃着，慢慢从市郊去往城区。大雨打湿了车窗玻璃，氤氲着水汽，窗外的一切都不再分明。去过墓地后总会有些怔忪，尤其是在这样落雨的傍晚。

于是来到市中心，我们便一头钻进了帝国饭店，想用一顿喷香的下午茶，来安慰快要冻僵了的魂灵。

收起湿漉漉的雨伞，自有微笑着的侍者优雅地接过去，然后将我们引入窗边的座位。点了维也纳Melange咖啡、卡布奇诺咖啡，还有一块Imperial Cake。比起著名的萨赫咖啡馆的蛋糕，帝国饭店的招牌蛋糕外面裹着一层巧克力，内里的蛋糕有着一层又一层的丰富口感，奶油、巧克力、杏仁的滋味在口中交融，伴着咖啡厅里无处不在的轻轻钢琴声，紧绷了一整天的心情，在这刻也柔软下来，像是泡在热水里，暖意自心散发到四肢百骸。

临去时，从依然微微笑着的侍者手中接过雨伞，那钢琴调子却忽然一转，轻轻巧巧的几个音符出来，竟然是"我的心里只有你没有他"，几乎可以合着那旋律哼出歌词。我们震惊地回头，坐在钢琴背后的中年男人轻轻地点了点头，嘴角慢慢翘起来，绽放成一个灿烂的笑容。于是我们也忍不住露出笑，然后转身，走入维也纳夜晚的蒙蒙细雨里。

这是个让灵魂都可以安眠的静夜，维也纳的第一天，安然美好地结束了。

帝国饭店

中央公墓的 2 号大门，这里直通音乐家墓地

维也纳中央公墓（Wiener Zentralfriedhof）

门票：免费

地址：Simmeringer Hauptstraße 230-244，1110 Wien

交通：从市区的景点，乘坐地铁 U3 线到 Simmering 站，出站后转乘 71 路公交车可以到达中央墓地。71 路公交车坐到 Zentralfriedhof 2. Tor 站，也就是中央墓地的 2 号门下车（不要坐错站，前面一站是 1 号门）。车站旁边就是中央公墓的 2 号门了。进门沿着大道直走，一会儿就能看到在左手边有个音乐家墓地的牌子。离开的时候原路返回，仍然坐反方向的 71 路有轨电车，从 Zentralfriedhof 2. Tor 站坐到 Simmering 站转地铁 U3 线可达市区。

开放时间：7∶00—18∶00，夏季延长至 20∶00

网址：http://www.zentralfriedhof.at/

中央公墓内　　　　　　　　　　回廊

无心私家攻略：

　　维也纳交通：这是一座相当大的国际化都市，不是那种光靠双腿就能逛遍的小镇。所以建议购买维也纳交通卡，按24小时来计算，分别有24、48、72小时等几种票。通过地铁、火车站的自助售票机就能购买，售票机有英文页面。

帝国饭店招牌蛋糕

2. 活在咖啡馆

从某种意义上来说，欧洲人民是活在咖啡馆里的。所以留下了"我不在咖啡馆，就在去咖啡馆的路上"这样的话。

传说中，维也纳的第一家咖啡馆诞生于17世纪，一个波兰商人哥辛斯基（Kolschitzky）从土耳其苏丹军营中习得煮咖啡之技艺，战争结束后，开设了维也纳首家咖啡馆。

在这些弥漫着新鲜而浓郁的咖啡香气的地方，总有紧凑的小圆桌，带着花纹锦缎垫子的座椅，墙上挂了知名或不知名画家的作品，门边的书报架上满是当日报纸和各色杂志。店堂内总有一长排明亮的玻璃柜子，里面摆满了当日做好的蛋糕甜点，铺了厚厚的巧克力，镶嵌着红红紫紫的浆果，淋着糖浆，隔着玻璃也仿佛可以嗅到甜香的气息。

白色衬衣黑色围裙的侍者行走如飞，动作麻利，站在面前的时候脸上都仿佛带着三分笑容。馆子里虽然挤满了人，却并不显得过分嘈杂，每到下午，总会有个穿着黑色西装的琴师坐在店堂中央，为这些或高阔或窄小的咖啡馆增添连串的旋律。

我猜，维也纳咖啡馆的一天是这样度过的。

清晨，赶着上班的人们匆匆在这里喝上一杯浓缩咖啡，咬着面包去赶地铁。晚些时候，文人、艺术家、自由职业者以及不用上班的人们开始在这里享用一天中的第一餐。

中午开始，游客渐渐来到，与本地人混坐在一起，用一杯 Melange 咖啡、一块 Tarte 蛋糕，让自己真正融入这座城市中去。

直到深夜，咖啡馆的灯光也未熄灭。夜归人、失眠者、数百上千年历史城中的鬼魂们，也都能有个去处，银勺搅动液体、杯盏轻碰的声音，最能慰藉一颗孤独的心。

奥地利篇 03

　　Sacher 沙赫咖啡馆与 Demel 出品的沙赫蛋糕固然赫赫有名,我却把自己在维也纳的下午,给了帝国饭店和中央咖啡馆。

　　前者隶属豪华酒店,本身却亲切近人,让我们这两个被一场大雨淋得湿漉漉的异乡人也感觉到温暖妥帖。而后者,中央咖啡馆,"世界咖啡首都"、"最具人文气质的咖啡馆"、"19 世纪奥地利知识分子们的最爱"……说的都是它。

　　从霍夫堡皇宫步行不到 10 分钟,就能在一个 Y 字形路口遇见它。150 年历史的咖啡馆,曾经是 19 世纪后期维也纳知识阶层最喜欢的去处。那位据说第一个说出"我不在咖啡馆,就在去咖啡馆的路上"这句话的诗人彼得·阿尔腾堡(Peter Altenburg)就是这里最忠实的客人,他的后半生除了睡眠时间之外,差不多都是在这里消磨掉的。

　　现在,每个走进中央咖啡馆的客人,都能在进门的第一张桌子旁边,看到彼得·阿尔腾堡——当然,是他的雕塑。

　　我们恰好就坐在他旁边,转头就能与彼得先生咬个耳朵。这座雕像倒也栩栩如生,

中央咖啡馆中的彼得先生

121

中央咖啡馆

微微侧着头，仿佛正在倾听旁边友人的说话。

在维也纳，几乎每家著名咖啡馆都有自制的招牌甜点，而主打中的主打，自然是 Tarte 蛋糕。大多是上下各有一层厚厚硬硬的巧克力，中间夹着杏仁口味的蛋糕。传说萨赫蛋糕相当甜腻，我倒没有试过。尝过的这两家中，帝国饭店的口感比较硬，但是一层又一层的味道极为丰富细腻。中央咖啡馆的招牌蛋糕上，照例也有一个 logo 牌，同样用巧克力做成。蛋糕则较为湿润柔软，口感轻绵，很容易接受。

奥地利蛋糕大多都很甜，糖分充足，巧克力也毫不苦涩，所以一定要搭配一杯清苦的咖啡一起入口。口感接近拿铁的 Melange 咖啡是奥地利最常见的品种，不过既然来到中央咖啡馆，当然要试试这里的特调咖啡。里面加了橘子酒，比起别家用的伏特加来，要清新许多。酒精与咖啡因将两种醇香结合在一起，足以醉人——喝咖啡喝出一脸酡红，也算是一桩美事吧！

一口甜蛋糕，一口苦咖啡。我忽然明白了维也纳人为何日日泡在咖啡馆里醉生梦死——这种甜美与苦涩的交错，大概就是生活本身的况味吧。

吃饱喝足，抖落掉在身上的蛋糕屑，趴在小桌上辛辛苦苦写完一叠明信片，一张一张数给旁边坐着的彼得先生看。他微微笑着，仿佛对我眨了眨眼睛。

中央咖啡馆的招牌蛋糕

❤ 维也纳必去咖啡馆推荐

维也纳堪称"欧洲咖啡之都",在这方面毫不逊色于巴黎。最不容错过的维也纳咖啡馆有以下这些:

帝国饭店咖啡厅(Bar Imperial)

位于戒指路上,就在金色大厅的旁边,地铁 U1 线到 Karlsplatz 站。帝国饭店本身是一家高级豪华酒店,很多名人、明星来维也纳的时候都会选择下榻此处。不过它附属的咖啡厅却相当平易近人,毫无高高在上的架子。帝国饭店的招牌 Tarte 蛋糕口感比较硬,但是一层又一层的味道极为丰富细腻。

帝国饭店咖啡厅

沙赫咖啡馆(Café Sacher)

赫赫有名的沙赫蛋糕(也译作查哈蛋糕)就出自这里,咖啡馆位于维也纳国家歌剧院一侧的马路对面,门口永远排着长队。

如果觉得沙赫的人太多,也可以选择去 Demel 咖啡馆,后者在游客当中的名气要小一些,但是著名的沙赫蛋糕究竟应该属于沙赫咖啡馆还是 Demel 咖啡馆,可是打过一场官司的哦。

沙赫咖啡馆

蛋糕的发明者最初就是在沙赫咖啡馆当学徒的,不过据说后来成为家传之宝的蛋糕配方却是带到了 Demel。

地址:Philharmonikerstrasse 4 01, Wien

网址:http://www.sacher.com/

奥地利篇 **03**

中央咖啡馆（Café Central）

位于霍夫堡皇宫附近，可以说是19世纪维也纳知识分子、文化人最爱去的咖啡馆，甚至有"世界咖啡首都"的外号。中央咖啡馆的建筑师是费尔斯特（Heinrich von Ferstel）。现在咖啡馆所在的这幢楼，就叫作费尔斯特宫（Palais Ferstel）。

推荐中央咖啡馆的特调咖啡，里面加了橘子酒，虽然比起加了伏特加的那种要清新许多，不过口味仍是比单纯的咖啡重了许多。招牌蛋糕顶上底层照例都是厚巧克力，中间的蛋糕倒是相当湿润绵软。甜度也还好，算是比较容易入口的。

地址：Herrengasse/Strauchgasse，1010 Wien

电话：+43-1-5333764

网址：http://www.cafecentral-wien.at/

中央咖啡馆

黛梅咖啡馆（Demel）

据说沙赫蛋糕的真正配方就是被带到了这家咖啡馆，这里的点心同样是"皇室御用"的。这里还有 Demel 博物馆，介绍了皇家御用巧克力和烘焙的历史。

地址：Kohlmarkt 14 01, Wien

电话：+43-1-5351717

网址：http://www.demel.at/

玩在维也纳之一：帝国与宗教路线

美泉宫（Schloss Schönbrunn Gardens）

美泉宫位于维也纳的西南部，据说，这里曾是神圣罗马帝国、奥地利帝国、奥匈帝国和哈布斯堡王朝家族的皇宫，如今是维也纳最负盛名的旅游景点，美泉宫及其花园被联合国教科文组织列入《世界遗产名录》。

美泉宫的名字来源于神圣罗马帝国皇帝马蒂亚斯（1612—1619年在位），传说1612年他狩猎至此，饮用此处泉水，清爽甘洌，遂命名此泉为"美泉"，此后"美泉"成为这一地区的名称。

马蒂亚斯皇帝的继任者经常以这里作为夏季狩猎之地，并建造夏季行宫。1683年土耳其人进攻维也纳，将夏宫毁坏。1696年，神圣罗马帝国御用建筑师约翰·伯恩哈德·菲舍尔·冯·埃拉赫奉命在毁坏的夏季寝宫之上建造皇宫，建成后来美泉宫的主体。1743年，

奥地利女皇玛丽亚·特蕾莎下令在此营建气势磅礴的美泉宫和巴洛克式花园，总面积2.6万平方米，仅次于法国的凡尔赛宫。

美泉宫设计时的规模和豪华程度与法国的凡尔赛宫相比有过之而无不及，但由于哈布斯堡王朝的财力与法国的波旁王朝相比，还是有限，因此原设计并未能完全得以实现。

现在的美泉宫共有1441间房间，其中45间对外开放供游客参观。整个宫殿是巴洛克风格的，但是其中有44个房间是洛可可风格的。

这次德奥之行，最有些不以为然的，就是不少地方不允许拍照。建议参观之前先去官网上预习一下，网站上面有每个房间的照片和文字介绍，很长知识。

美泉宫虽然豪华，但仍然远比不上凡尔赛宫；德累斯顿的绿穹博物馆虽然令人瞠目结舌，但是其收藏的珍贵程度以及数量，都不能与卢浮宫相提并论。可凡尔赛和卢浮宫都能任拍，只要不用闪光灯，美泉宫和绿穹等地方，却完全不允许带入相机——实在是，有点太小家子气了！

交通：乘坐地铁U4到达Schönbrunn站。走出地铁站，就能看到很明显的标识，一路指引游人前往美泉宫。

门票：门票分几种，单独参观宫殿11.5欧/人；参观凯旋门观景平台3欧/人；套票14.5欧（套票还可参观收费花园）。儿童、学生均有不同程度的优惠。

开放时间：8：30—17：30（夏季会延长至18：00，冬季则17：00关门），全年开放，包括节假日。

网址：http://www.schoenbrunn.at/

推荐指数：★★★★★

美景宫（Schloss Belvedere）

这座巴洛克风格的宫殿，分为上美景宫和下美景宫。

它曾是哈布斯堡家族成员欧根亲王的宫殿。在欧根亲王去世后，美景宫于1752年成为特蕾莎女皇的产业，而现在的下美景宫是奥地利美景宫美术馆的所在地。奥地利的国宝画家古斯塔夫·克里姆特（Gustav Klim）的不少名作就在这里陈列。最出名的，当然是《吻》了。

上美景宫则主要参观宫殿建筑，规模虽然比皇家宫殿要小许多，但是细节上也完全不含糊。上下美景宫之间有一个花园，是维也纳新人们拍摄婚纱照常去的地方。

此外，下美景宫的大门附近还有一个漂亮的广场，是"二战"胜利苏军纪念碑，如果路过的话，也很值得一看。

交通：到下美景宫，乘坐有轨电车 71 路到 Unteres Belvedere 站；到上美景宫，乘坐有轨电车 D 线或 71 路到 Schloβ Belvedere 站。

地址：Rennweg 6 03, Wien

门票：下美景宫 9.5 欧元／人，上下美景宫套票 13.5 欧元／人。花园免费。27 岁以下学生有优惠。

网址：http://www.belvedere.at

推荐指数：★★★

霍夫堡（Hofburg）

这里是哈布斯堡王朝的宫苑，就坐落在首都维也纳的市中心。

数百年来经过无数次的整修、扩建，最终才演化成了现在这个由18个翼、19个庭院和2500个房间构成的迷宫。部分皇宫房间开放参观，整个霍夫堡目前有数个博物馆，包括皇家珍宝馆、茜茜博物馆等。最受欢迎的无疑是茜茜公主博物馆，它位于霍夫堡宫内穿过宫廷议会的那条回廊的一部分，除了展示伊丽莎白王后的诸多生前私人物品之外，还收藏了这位美丽皇后的最著名的一些肖像画。

交通：乘地铁U3线到Herrengasse站，步行3分钟左右即可到达。

门票：参观霍夫堡购买套票比较划算，套票11.5欧元/人，包括皇家寓所、茜茜博物馆和银器阁。还有一种套票叫Sissi票，包括美泉宫和茜茜博物馆。

地址：Hofburg - Michaelerkuppel, A-1010 Wien

网址：http://www.hofburg-wien.at

推荐指数：★★★☆

遇见欧洲，遇见童话

霍夫堡

戒指路（The Ring）

又叫环形路。这条环形的马路将维也纳旧城中心团团围绕在其中，几乎所有著名的景点都围绕在环形路周围。如果有心在一天里遍览维也纳的精华风物，不妨乘上有轨电车1路、2路，行驶在戒指路上，将风景看遍。

推荐指数：★★★

戒指路

史蒂芬大教堂（Stephansdom）

奥地利维也纳最出名的教堂，也是欧洲最好的哥特式教堂之一。外部最引人注目的是其高大的西立面和罗曼风格的顶部，而被当地人称为 Steffl 的南塔则是精致的哥特式建筑风格（也有用 Steffl 来代指整座教堂的说法）。正因为这座纤细高耸的南塔，史蒂芬大教堂将欧洲最高建筑的记录保持了很长时间。

教堂侧面的屋顶上用彩色瓷砖铺就了几何图案以及哈布斯堡王朝的徽章。这些"屋顶上的图案"，是史蒂芬大教堂外观上最大的特色。

教堂内部长107米，宽70米，两排柱子将教堂的中殿隔成三部分——中心中殿、左中殿和右中殿。中心中殿居中的是由安东尼·皮尔格兰姆雕刻的布道坛，上面有四位著名的拉丁教父（安布罗斯、哲罗姆、格列高利和奥古斯丁）颇具个性的形象。

楼梯下面还有一尊难得一见的安东尼·皮尔格兰姆的自塑像，手里拿着雕刻工具。这种情况要到了文艺复兴时期才会出现，因为此时艺术家们开始出名，不再是默默无闻的教会工具或者贵族私属匠人了。

交通：地铁 U1 或 U3 线，Stephansplatz 站下车。

门票：教堂入口处的部分区域免费参观，但进入教堂内部拍照需要购买"拍照券"，通过自助机器买券。或经导游带领进行参观，3.5 欧元 / 人。

地址：Stephansplatz 01 Wien

推荐指数：★★★★☆

格拉本大街（Graben）

就在史蒂芬教堂附近，这条著名的步行街虽然不长，却浓缩了各种精华——鼠疫纪念碑、圣彼得教堂、DEMEL 咖啡馆、名品专卖店……

推荐指数：★★★★

奥地利篇 03

圣彼得教堂（St. Peter's Church）

位于格拉本大街岔道上的圣彼得教堂，外观虽然不如旁边的史蒂芬大教堂那么宏伟，但它是维也纳最经典的巴洛克教堂，由卢卡斯·昂希尔德布兰特（1668—1745）设计建造，这位御用建筑师，还建造过上美景宫。

圣彼得教堂

遇见欧洲，遇见童话

维也纳艺术史博物馆

奥地利篇 03

教堂内部简直美轮美奂。密密麻麻的壁画是约翰·罗特迈尔（Johann Michael Rottmayr，1741）的作品。墙上挂着的画作是约翰·施密特于1715年创作的，祭坛上的画则出自弗朗兹·伦普（Franz K Remp，1712）、安东尼·施永扬斯（Anthoni Schoonjans，1714）以及马丁·阿尔托蒙泰（Martin Altomonte，1714）之手。抬头仰望穹顶，便是世界闻名的巴洛克风格穹顶画——"圣玛丽亚登天"。

门票：免费。

开放时间：周一至周五7：00—20：00，周六周日9：00—21：00。

推荐指数：★★★★★

玩在维也纳之二：文化与艺术路线

维也纳艺术史博物馆

（德语名：Kunsthistorisches Museum Wien，缩写KHM Wien）

奥地利著名美术馆，主馆舍位于维也纳环城大道中心路段的玛丽亚·特蕾西亚广场，与霍夫堡皇宫相对，由统治欧洲近7个世纪的哈布斯堡家族出资兴建。在其中除了一睹皇室珍藏，还可以领略奥匈帝国兴盛期的余晖。

它是奥地利规模最大、全世界第四大的美术馆，据20世纪80年代的统计，馆内藏品已逾70万件。博物馆下辖8个分馆，分别为：本馆、民族学博物馆、奥地利戏剧博物馆、霍夫堡新宫、马车城堡、皇室珍宝馆、忒修斯神殿和阿姆布拉斯宫。

人们通常直接称呼本馆为艺术史博物馆，将其他分馆视为独立的博物馆。本馆的收藏展览也是其中的精华，以7000余件绘画作品为重点，主要是从哈布斯堡家族长期统治的欧洲各国搜集而来。其次是从古埃及、古希腊、古罗马到18世纪的雕塑、器具及硬币等各类艺术品。

此外，艺术史博物馆的建筑本身，有部分地方的壁画正是由奥地利国宝画家克里姆特完成的，参观博物馆的时候可别忘了抬头好好欣赏一下博物馆建筑，以及大师的壁画作品。

交通：地铁U2线到Museumsquartier站或Volkstheater站；地铁U3线到Volkstheater站或Stephansplatz站。

门票：12欧元/人（仅参观本馆），儿童、青少年、学生和老人都有不同程度的优惠。

地址：Maria-Theresien-Platz 01 Wien

开放时间：10：00—18：00，每周四延长参观至21：00。周一闭馆。

网址：http://www.khm.at
推荐指数：★★★★★

无心私家攻略：

由于维也纳艺术史博物馆就位于戒指路上、霍夫堡皇宫的对面，因此在实际安排游览路线的时候，可以将其与霍夫堡皇宫等"帝国宗教路线"的景点放在一起。

维也纳国家歌剧院 Staatsoper

若问中国人，世界上最著名的音乐殿堂是什么，大约十之八九会说——金色大厅。

是的，因为每年一度的金色大厅新年音乐会在中国转播过多次，也有不少中国音乐家登上过金色大厅的舞台，于是大家都把这里认作为国际音乐界的顶级场所。

不过，若是把同样的问题抛给一个维也纳人，他大约会回答的，是另一个答案——维也纳国家歌剧院。

这里是全世界公认的一流歌剧院。原来是皇家宫廷剧院，其前身是17世纪维也纳城堡广场木结构的包厢剧院。1861年，由奥地利著名建筑师西克斯鲍和谬尔设计督造，于1869年5月15日建成开幕，首场演出的是莫扎特的歌剧《唐璜》，从此揭开了它150年来的辉煌序幕。它是音乐圣殿的象征，素有"世界歌剧中心"之称。

1918年，皇家宫廷剧院变为国有，故而称为"国家歌剧院"。在第二次世界大战末期，

英美盟军对德、奥进行大规模轰炸时，维也纳国家歌剧院遭到严重破坏。战后，歌剧院的重建工作历时8年，据说耗费竟达1亿美元（这个数字在20世纪50年代，还真是不可思议）。1955年11月5日重新开幕，演出了贝多芬的歌剧《费得里奥》，以庆贺歌剧院的第二个春天。

交通：有轨电车1路或者D路到Oper站。

门票：参观国家歌剧院，可参加Guide Tour，每天下午2点和3点各有一场。3点那场有日文解说，而英文、德文、意大利语、西班牙语、法语解说则是两场都有的。票价5欧元。

演出：演出票价根据剧目的不同和订位位置的不同，为3~250欧元不等。

查询演出情况的网址：http://www.vienna-opera.com/

订票网址：http://www.viennaticketoffice.com/

国家歌剧院官网：http://www.staatsoper.at

推荐指数：★★★★★

奥地利国家图书馆

(德语名：OOsterreichische Nationalbibliothek，缩写OONB)

它是哈布斯堡王朝皇家图书馆的继承者，皇家图书馆始建于14世纪，从那时起，哈布斯堡王室就已经开始收集手稿和类似的物品。有着"世界上最美丽的图书馆"之称的奥地利国家图书馆建于1726年，目前这里共有740万藏书，是奥地利最大的图书馆，也是世界五大图书馆之一。

开放参观的部分在二楼，也是整座博物馆建筑最精华和最值得看的部分。内部极为华美，堪比皇家宫殿。其肃穆、庄重的氛围，也让每个参观者不禁屏气凝神。图书

遇见欧洲，遇见童话

馆还会定期举行一些小型展览，也很值得一看。

交通：位于霍夫堡皇宫旁的约瑟夫广场上，从皇宫步行前往即可。

门票：7欧元

推荐指数：★★★★

金色大厅（本名为音乐之友协会 Musikverein，或者叫 GroBer Saal）

所在的这幢建筑，本名为维也纳音乐协会大楼，因为楼内诸多演出场所中的一间为金色的演出大厅，而被中国乐迷和游客称为"金色大厅"，是世界上最有影响力的音乐厅之一，也是维也纳爱乐乐团的常年演出地。其票价根据演出者的不同以及座位的档次，30～200欧元不等。也可参加 guide tour，可在导游的带领下参观这座音乐圣殿。

门票：成人6欧元；12~16岁青少年4欧元；12岁以下免费。

交通：地铁U1、U4线到Karlsplatz站；有轨电车2路到Karlsplatz(Bösendorferstraße)站；有轨电车1、62、D路到Wien Oper（Kärntner Ring）站。上述站点下车后，再步行100～300米不等。

金色大厅

地址：Bösendorferstr. 12 1010 Wien

网址：http://www.musikverein.at

推荐指数：★★★★★

卡尔教堂（St.Karl-Borromauskirche）

特蕾莎女王的父亲卡尔六世为纪念黑死病的消灭而建了这座教堂，1716年开始兴建，历时21年建成。这座教堂的造型颇有特色，远远就能看见绿色的穹顶，正面的两个72米的大圆柱雕刻了圣人Carl Borromaus战胜黑死病的故事，教堂也是以曾经的米兰红衣主教的名字命名的。

地址：就在金色大厅旁边，隔着一条马路。

门票：成人8欧元，学生4欧元，10岁以下儿童免费。

网址：http://www.karlskirche.at/

推荐指数：★★★

奥地利篇 03

📍 玩在维也纳之三：东部历史文化路线

备注：这条路线中的几处景点都位于维也纳市区的东面，与其他市中心的景点不完全连在一起，建议用一天时间单独游玩这些地方。

百水公寓（Hundertwasserhaus）

建于1985—1986年，由传奇建筑师百水先生（Friedensreich Hundertwasser，1928—

143

2000年）设计建造，起初是作为维也纳市政府为低收入家庭建造的福利房。

百水先生亲自参与了该建筑的设计活动与建造。花了一年多的时间，他不仅画设计图，还在现场指导施工。这座公寓就像一幅儿童随意涂抹的水彩画。外墙面上，大块大块鲜艳的颜色拼在一起，让人目不暇接。地板是用彩色的方砖铺成的，墙也用涂料涂成各种颜色。还有的部分像是忘了涂色，裸露出灰泥的墙本色。有意思的是，每扇窗户、每个阳台的形状，也都各不相同，充满趣味。

百水先生的理想，是建造出"自然与人共存的建筑"。除了奇趣的设计之外，他还在所有的平台、晒台上都种上了树和灌木，让整幢楼绿意盎然。此外，百水先生最厌恶平直线条的冰冷感，所以，请留意整幢百水公寓的表面，是找不到一根直线装饰的哦！

交通：乘坐有轨电车1路到Hetzgasse站下，步行200米。

门票：私家公寓，不开放内部参观，可免费欣赏建筑外部。

推荐指数：★★★★★

鲁伯特教堂（Ruprechtskirche）

一直以来，这座兼具罗曼式和巴洛克式的教堂，被认为是维也纳最古老的教堂，供奉维也纳盐商的主保圣人——萨尔茨堡的鲁伯特。

教堂位于维也纳最古老的城区，这里曾经是罗马人的占领区。教堂的建造年份不能完全确定，一般被认为是竣工于公元8—9世纪。

教堂的彩绘玻璃窗制作于公元12—13世纪，是维也纳现存最古老的彩绘玻璃，线条和用色都很有"抽象派"的风范，风格十分大胆，很值得一看。

门票：免费

交通：乘坐有轨电车1路可到达。

地址：Seitenstettengasse 5 01, Wien

推荐指数：★★★

鲁伯特教堂

城市公园（Stadtpark）

这个免费开放的维也纳市中心公园，四季绿荫如盖，鸟语花香。公园里的人工水道很值得一看，当然，游客们都是为了著名的金色施特劳斯像而来。

交通：地铁 U4 乘到 Stadtpark 站，出站就是公园大门。

推荐指数：★★★

城市公园

布拉格火药塔

捷 克 篇

克鲁姆洛夫：那个叫CK的小镇

到底欧洲有多少童话小镇？有多少可以被称作"世界上最美的小镇"的地方？

或许十根手指也扳不过来吧。不过无论这个"排行榜"的标准如何，我相信捷克的这个叫CK（Cesky Krumlov，克鲁姆洛夫）的小镇，都会榜上有名。

从奥地利的维也纳出发，乘坐事先预订好的Shuttle Bus离开奥地利前往捷克。这是一个晴朗的下午，乘着巴士，摇摇晃晃地行驶在高速公路上。前半程，属于奥地利，窗外是大片草场平原，点缀着白墙黑瓦深色桁架的房屋；后半程，属于捷克。车辆在林间公路穿行，时不时掠过一个满是红色屋顶的村落。

CK小镇位于伏尔塔瓦河的上游、捷克南部的波西米亚地区，只有14000多名居民。镇子虽小，名头却大，1992年，联合国教科文组织授予它"世界文化和自然双重遗产"的头衔。

它所在的这块土地早在公元前6000年就有人类长期居住。而古镇本身的历史可以上溯到公元13世纪，起源于当时南波西米亚豪族维特克家族在此建造城堡。到了1374年，据记载，整个小镇共有96幢房子，已经初步形成村镇。

公元14世纪时，维特克家族消亡，而罗热姆威尔克家族成为当地的统治者。文艺复兴时期，这座城镇一度极为繁荣兴盛。今天，从马蹄形穿镇而过的伏尔塔瓦河两岸的房屋，从那高高矗立的彩绘塔，还依稀可以想象昔日盛景。

无论在镇上的什么地方，无论以哪个角度去看这座迷你小镇，我们都不禁要感叹一声：这真是童话里才有的场景。而这个童话故事的高潮部分，自然是13世纪的城堡与小镇的制高点——彩绘塔。捷克这个国家，堪称墙画之国。无论是在首都布拉格，还是克鲁姆洛夫这样的小镇，处处可见彩绘墙壁，将原本有些乏味的灰白墙砖，装饰

捷克篇 04

得有声有色，这大概就是波西米亚人的传统——追求自由，热爱享受，懂得创造。

　　城堡的装饰也不例外，每一个天井中庭，都能看到以明亮的黄色勾勒出砖石的形状，还有枝蔓的图案与波西米亚王国的徽章，骑士们的画像则居于承重的柱子上，头顶是长着翅膀的小天使，带来数百年前的历史风流。

　　离开城堡，穿行在小镇的每条街巷之中，也是一种特别的乐趣。别看 CK 并不大，却有着格外浓郁的艺术氛围。街市上的小店、食铺、餐馆都装饰得各有风采。有时，走入一条看上去不起眼的小巷，到了尽头却豁然开朗，眼前或是开阔的美丽庭院，装饰以富有张力的雕塑；或是错落有致地散布着多种装置作品，地面上还镶嵌着铜块，上面刻着文学家、艺术家的名字……精致、古老而又内涵丰盛，这就是 CK 的魅力。

从城堡俯瞰小镇

149

CAROIL
AUTO-OIL
SLEPIČÍ POLÉVKA
KDE POLÉVKA-TAM „GRAF"
ORKA
PARFUMERIE
s POLARINEM
Anker
K ČISTOTĚ
první krok
RADION

MARTIN
KOS
ČR 96
DANIELA
KOSOVÁ
SR 96
RITA
PAGONI
H 96
SÁNDOR
KECSKEMETI
H 96
MARGIT
H 96
ELŽBETA
GOSEOVÁ
ČR 96

Café

遇见欧洲，遇见童话

城堡与彩绘塔

无心私家攻略：

到达克鲁姆洛夫需要乘坐 Shuttle Bus。从奥地利的维也纳、捷克的布拉格等邻近大城市，都有班车可以直达。

主要的 Shuttle Bus 网站如下，需要在出发前通过邮件预订，有些还需要预付定金。

http://bustickets.studentagency.eu/

http://www.ckshuttle.cz/

http://www.shuttlelobo.cz/2/en/shuttle-vienna-cesky-krumlov

吃在克鲁姆洛夫

地窖餐厅

地窖餐厅是 CK 小镇最出名的特色餐馆，需要提前预订座位。烤猪肘、猪膝（Pork Knee）、烤排骨、面包洋葱汤（Garlic Soup in Bread）等，都是特色菜。别忘了再来一杯捷克啤酒，绝对不逊色于德国啤酒哦。

预订 Email：info@satlava.cz

地址：从 CK 中心广场东北角的 Mastal Restaurant 前方转进 Satlavska 小巷，地窖餐厅就在巷子尽头的右手边。路口都有指示牌指向餐厅的方向，很容易找到。

城堡咖啡馆

就位于城堡彩绘塔下面,从咖啡馆不同方向的窗户可以分别俯瞰 CK 小镇以及城堡露天庭院,视野绝佳。咖啡馆供应多种花式咖啡,但是糕点的种类不算多。价格颇为便宜,每杯咖啡折合人民币约 15 元。总体来说,捷克的物价还是比较低廉的。

地窖餐厅

城堡咖啡馆

地窖餐厅招牌菜—烤猪膝

捷克啤酒

地窖餐厅必点菜—洋葱汤

🏠 住在克鲁姆洛夫

颇为人性化的 hostel，女主人是在 CK 定居的美国人，为人热情好客。她本人就住在我们临河那个小院子的二楼，我们曾经遇见过一次，的确是很和善友好。

主屋有点青年旅馆的风格，有公共休息区、公共厨房、公用洗衣机和卫生间灯，有免费 wifi。我们预订时要求"河景房"，结果就住到了临河的小院的一层，独门独户。有独立厨房、卫生间，卧室也相当大。厨房里各种厨具、餐具、微波炉、面包机、热水壶俱全，连洗洁精、抹布都完备，还提供咖啡、麦片和意大利面。不过仅一间卧室，可住两人。

地址：Rooseveltova 68, Cesky Krumlov 38101, Czech Republic

电话：+420 380 711 935　手机：+420 728 287 919

Email：info@krumlovhostel.com

网站：www.krumlovhostel.com

捷克篇 **04**

布拉格：游记两章

1. 布拉格之夜，一曲波西米亚情歌

伏尔塔瓦河的暮色，是幽蓝幽蓝的。

夕阳隐在鱼鳞般的云后，迤逦着一抹最后的金红色。国家剧院的棕黄色建筑，透过车窗玻璃看起来，越发深重沉厚。我们自 Legii 桥驶入伏尔塔瓦河的右岸，视线可见的对面，便是查理大桥，永恒的查理大桥。

布拉格的第一夜，我们就知道，这座早在新石器时代就有人类居住、曾经是神圣罗马帝国首都的城市，是一座真正的不夜城。

市民会馆里，喝一杯夜咖啡的人们彻夜不眠。穿过火药塔，向着市政厅广场而行，一路上店铺灯火通明，小酒馆里音乐声自门外就能听到。有个中年男人坐在街角抱着吉他拨弦弹着一首民歌，Cappi 站着静静听了一会儿，问我："这可是波西米亚的民歌？"

波西米亚，这个数百年来欧洲最强的工业王

夜晚的旧市政厅广场

155

国，这个夹在日耳曼与斯拉夫之间挣扎、摇摆的王国，这个相继被卢森堡王朝、神圣罗马帝国、奥匈帝国统治的王国，它复杂纠结的历史，又岂是"不可承受之轻"？相反，是难以言说之重。

　　米兰·昆德拉笔下，特蕾莎抓着相机奔跑拍摄过的街道，在今日的星光灯火下依旧。走在火药塔之下，这深黑的建筑在夜色里甚至带着一份沉重难言。我看着脚下光滑的石子路面，每一颗圆润光泽的石头上，反射着淡淡的灯光，依稀仿佛数百年的时间都不曾流逝，静静停顿在中世纪。

　　传说布拉格之名，是源自当年开始建造这城市时，建筑师来到城中勘察，他遇见一个老人，正在锯木做门槛，做得异常认真、仔细。建筑师深受感动，城市建成之后，便将之命名为布拉格（Prague，来自德语，意为"门槛"）。我听到这个故事的时候，正站在夜晚 9 点半时分的查理大桥上。远处的城堡依然亮着灯光，伏尔塔瓦河上，一群天鹅静静浮在水面上。身后是来来往往各种口音的游客，15 世纪起就静静矗立着的桥头塔依然静默无言。

　　这座城市大概正是一个"门槛"，连接古代与现在，革命与平和，欢喜与悲伤的门槛。它是一个近乎奇迹般的存在，亘古不变，却又鲜活多面。

　　我有预感，布拉格，会带给我们很多，很多。

2. 布拉格城堡：城市之心

在欧洲，看过那么多教堂，人们常说时间久了便会审美疲劳，见山不是山，见水不是水。

但其实如果你用了心，便会发现每一座教堂都如同一个独立的人，经历不一，个性迥异，外貌更是千差万别。

巴黎圣母院曾经是雨果笔下卡西莫多隐于其中的地方；梵蒂冈圣彼得大教堂中圣光如神亲临；萨尔茨堡大教堂是莫扎特受洗的地方，6岁那年他便在这里弹响了管风琴，成为受人瞩目的神童……那么布拉格的圣维特大教堂，又长着什么模样，有着什么样的故事？

走在伏尔塔瓦河畔，不论站在哪一座桥头看向对岸，视野中最醒目的地方，永远是布拉格城堡。而城堡的制高点，便是圣维特大教堂的尖顶。圣经故事里，人们曾经不分种族、齐心协力地筑造起巴别塔，它几乎可以直接通往天堂。后来塔虽然坍塌，世界分崩离析，但人们对上帝之所的向往，却亘古未变。

一座有着"建筑之宝"称号的教堂，该是多么华丽璀璨呢？在前往圣维特大教堂之前，我曾做过无数次揣想。直到亲眼看见它，方知一切想象都并不为过。

人们常说，圣维特大教堂大概是世界上建造历时最久的教堂，持续时间长达600多年。但事实上如果将教堂的前身都计算进去，那么这座教堂的演变历程竟然可以达到惊人的1000年。

公元929年，在布拉格城堡山上，后来名为圣瓦茨拉夫的圆形教堂就已经矗立在那了。1060年，教堂又被扩建成后来流行的长方形教堂。1344年，波西米亚国王查理四世下令将其改建成为哥特式教堂，这之后由于常年的战乱和多次火灾，最终教堂直至 1929 年才最终完成。

于是，今天在圣维特，时间长河中凝固过的所有瞬间和一切珍宝都在这里得以展现。公元 10 世纪的教堂基础，14 世纪的哥特风格，16 世纪的文艺复兴，20 世纪的奢侈制造……而对我来说，最可珍贵的，是教堂中那一扇由艺术家穆夏（Mucha）亲手绘制的彩色玻璃窗。对这位捷克国宝级艺术家，布拉格人民毫不掩饰他们的热爱，于是穆夏的手笔遍布布拉格的大街小巷，从市民会馆、圣维特大教堂，到街边任何一家餐厅的 Menu 与招牌，都生活在穆夏的包围之中，何其幸福！

"啊，波西米亚！"让 Cappi 发出这声赞叹的，倒不是圣维特大教堂，而是教堂旁边的旧皇宫（Old Royal Palace）。

看上去似乎相当普通的 3 层建筑，一走进去却是极为宽敞的维拉迪斯拉夫大厅，屋顶是哥特式的斗拱穹顶，阔大到令人瞠目结舌。旧皇宫大多数的房间在 1541 年的大火中受到毁坏，因此部分是后来重建的遗迹。大厅两侧有通道通往楼上和地下的房间，曾经的波西米亚国王就在这里居住、办公，也在这里与臣民们议事。今天，在当年的议事厅里，还展出了国王的皇冠、权杖（皆为复制品）、王座等宝物，让人们遥想这个历史上充满荣光与战乱的王国，曾经的波澜壮阔。

我最感兴趣的是"黄金巷"。城堡一侧的这条长两三百米、宽不过两三米的小巷，经过一年多的关闭修缮如今终于又展露出了面貌。

最初，这里是王室仆从居住的地方，到了 16 世纪，巷子中居住了很多炼金师，因此被称为"黄金巷"。每一座房子都极为小巧，大多为两层，每一层也不过两米高，简直像童话里精灵的居所，或者是《魔戒》中霍比特人的房屋。黄金巷 22 号是一座天蓝色的房屋。1916 年，还是一个银行小职员的卡夫卡曾以每月 20 克朗的费用租住在这里，默默无闻地完成了《乡村医生》、《致科学院的报告》等早期作品。而巷尾的一座最为宽敞的房子，则是 20 世纪 30 年代捷克最著名的电影导演的故居。

如今，黄金巷成为游客云集的地方，炼金师们的住所成为旅游纪念品商店、玩具店，卡夫卡的故居是一间书店。还有一些屋舍则还原了 18—19 世纪的面貌，里面陈设着当年的家具、用品，再现了炼金师的工作室、守卫侍从的休息间、平民的居家，房间狭小、光线暗淡，却好像让时光倒流了 200 年，并且停驻在某一个刹那。

"走吧，去洗洗眼、洗洗心……"看了一上午的教堂、皇宫、古迹，我拉着 Cappi 去城堡平台花园。从这里可以俯瞰整个布拉格，红色屋顶、乳黄色墙壁，教堂的绿色穹顶若隐若现，伏尔塔瓦河无声地流淌，借助相机的镜头，甚至可以看到查理大桥上

圣维特大教堂内部

圣人们的雕像。

那是10月里一个清风艳阳的日子，布拉格褪去了昨晚有些阴郁的氛围，展露出它明媚而有些天真的另一面。我站在布拉格城堡——这座城市之心的地方，听到自己的心，正扑通扑通跳得欢快。

无心私家攻略：

交通票：

游客通常会选择购买的布拉格交通票有：32克朗的90分钟车票（90分钟内换乘均有效），以及220克朗/人的24小时交通票。前者在每个公交车站上即可通过自助购票机购买；后者可以去地铁车站的人工售票窗口购买。

● 玩在布拉格之一：城堡区

圣维特大教堂（St Vitus Cathedral）

说到布拉格，说到圣维特大教堂，就不能不提到一个人——波西米亚国王查理四世。1346年查理四世登上波西米亚王国的王位，选择在布拉格建都。次年，他又被推举成为德意志国王，1355年复活节时接受了神圣罗马帝国的皇冠。

这是一位野心勃勃的君王，一心想把都城布拉格建设成为当时欧洲的政治、经济和文化中心。而正是在他的统治下，布拉格迅速发展成为这片大陆上最大、最繁荣的城市。查理四世时期所形成的哥特式的城市风貌，至今在布拉格留存下来。

圣维特大教堂前身的圆形教堂，自公元929年就已经矗立在布拉格城堡山上。1060年，圆形教堂又被扩建成后来流行的长方形巴西利卡式教堂。1344年，查理四世下令将其改建成为哥特式教堂，拉开了圣维特大教堂长达600年的兴建史。这之后由于常年战乱、多次火灾的缘故，教堂直至1929年才最终完成。而在1378年，查理四世逝世后

捷克篇 04

正是葬在了这座教堂。

圣维特其实只是个简称，大教堂的全称极长——圣维特、圣瓦茨拉夫和圣阿代尔贝特大教堂……这个全称是献给三位圣徒的。

1344年，大教堂改建正式动工的时候，查理四世请来的设计师是法国人 Matthias of Arras（阿拉斯的马修大师，阿拉斯是法国北部的一座城市），这位马修大师制定规划，设计出草图，并开始建造工程。他选择了法国哥特式建筑风格。不幸的是，8年后，1352年，马修大师在一次巡视工地的时候出了事故而去世了。

1359年，查理四世请来一位熟悉建筑新风尚的年轻建筑师彼得·帕尔雷（Peter Parler）来负责未完成的工程。彼得是科隆大教堂的设计师，集建筑师、雕塑家和木刻家于一身。他对马修大师的设计做了重大修改，采取了较为自由的哥特后期风格，并加入了日耳曼建筑风格元素。到1399年，在彼得的领导下，完成了大教堂东部的大部分建筑。

查理四世对这两位建筑师都给予了很高的赞誉，让人在教堂的楼廊上雕刻了他们的半身像。彼得先生之后的建筑师们，相继为大教堂增添了文艺复兴和巴洛克风格的建筑。不过，圣维特的建造过程充满了坎坷(所以才足足造了600年！算上教堂的前身，前后延续了1000年)。

1415年，胡斯派教徒在布拉格发动起义，并且于1421年占据了大教堂，使得教堂工程一度中断。1541年，教堂又遭了大火。不久，与土耳其人的战争使得工程再度中断。就这么断断续续，一直到1929年，圣维特大教堂才迎来了真正意义上的竣工。

长达600年的建造过程，令圣维特大教堂仿佛一部活生生的建筑史丛书。哥特风格、文艺复兴风格、巴洛克风格乃至现代的装饰艺术风格都在这里得以体现。

圣维特大教堂不可错过的看点：

1. 游客从教堂西立面正中的这座门的两侧侧门进出教堂。主入口砂石墙的中央弦月窗上饰有亚盖隆的《耶稣受难》《基督

看点1——入口处的雕塑

161

衣旁争论》和《哀悼耶稣》。

2. 教堂那些数量众多又风格各异的彩绘玻璃窗都很值得细看。我最感兴趣、花费最多时间来欣赏的，是穆夏于71岁高龄时创作的这面彩绘玻璃窗。它也被称为"穆夏之窗"。

3. 位于侧殿的一座陵墓，极为显眼，也是圣维特值得一看的地方之一。它是让·内波姆斯主教的墓。内波姆斯是14世纪时的布拉格教区红衣主教，他因为拒绝泄露皇后忏悔的内容被愤怒的瓦茨拉夫四世国王从查理大桥扔下伏尔塔瓦河里溺死。让·内波姆斯后来被封圣。

墓的上方四个天使轻轻扶着紫红色的幔帷，意喻着保护圣·让·内波姆斯不再受到伤害。纯银制作的墓耗费了20吨银子，建于18世纪中期。其中最为突出的是灵柩上面手持十字架的圣·让·内波姆斯跪像，他的神情和手势栩栩如生。纯银灵柩下面，是极为精美的众天使和护卫像。从这座奢华的陵墓，也可以看出圣·让·内波姆斯在捷克人民心目中的地位。

4. 圣瓦茨拉夫小礼拜堂。还记得前文说过，圣维特大教堂的全称吗？"圣维特、圣瓦茨拉夫和圣阿代尔贝特大教堂"，这个奇长无比的全称，代表了三位圣徒。而圣瓦茨拉夫就是其中一位，而且他才是当地最重要的主保圣人。

这座半圆形的小礼拜堂，其位置在教堂南边靠近"金门"（也就是19世纪之前

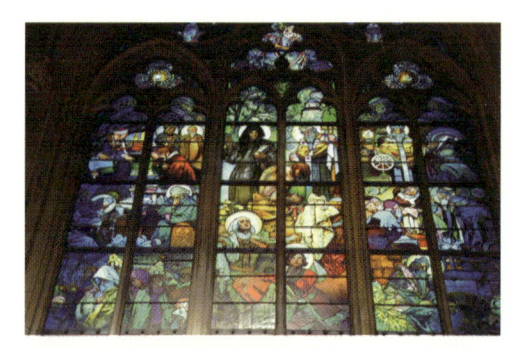

看点2——城堡中的穆夏之窗

看点3——内波姆斯主教的墓

看点4——圣瓦茨拉夫小礼拜堂

圣维特大教堂的主入口）的地方，无论从位置还是富丽堂皇的装饰，都在强调这里才是大教堂的中心点。

圣瓦茨拉夫本是波西米亚大公，公元935年的一天，他本打算进入某座教堂望早弥撒，不料遭到亲兄弟、后来的波列斯拉夫一世亲信的袭击。大公想逃进教堂躲避，却有教士与刺客共谋，关紧大门不让他进去。他临死前，一直紧紧抓着教堂门环不放。后来，瓦茨拉夫被封为圣徒，遗骸就葬在圣瓦茨拉夫小礼拜堂内，他的佩剑和破损的头盔也都作为圣物珍藏在大教堂里。此外，礼拜堂北门上的铜门环据说就是当年圣瓦茨拉夫死前拉着的那座教堂门环。

小礼拜堂的墙壁用珍贵的、价值堪比宝石的石材砌成，不仅磨光还镀了金。墙壁上的壁画描绘了《圣经》内容以及圣文塞斯拉斯的事迹。圣维特漫长的修建历史上几经坎坷和战火，不过这些壁画却都幸存了下来。

5. 圣维特大教堂的南立面。这也是圣维特与众不同的一个地方，大多数教堂的正立面都是面向西方的，也就是说，主入口是在西立面，今天的圣维特大教堂也不例外。

但是，19世纪70年代以前，圣维特大教堂的主入口"金门"却一直是朝南的。"金门"由这三个拱门组成，上面是马赛克镶嵌画《最后的审判》，这也是圣维特大教堂最重要的艺术品之一，创作于1370年，由四万片马赛克拼成。整幅马赛克画由三部分组成。中间部分上部是耶稣和六个圣徒。下侧左面是圣人瓦茨拉夫一世，右面是王后。左面部分描绘了上天堂的情景，从棺材里爬出来的人们跟随天使上天堂。右面部分画着由绳索牵着的罪人被押送进地狱。

看点5——教堂南立面

旧皇宫（Old Royal Palace，捷克语 Staryn Kralovsky Palac）
是城堡中最古老的建筑之一，建于1135年，原本是捷克公主的居所。到了13—16

旧皇宫

世纪，这里称为国王的宫殿。

旧皇宫的中央是 Vladislav 大厅，以建筑师 Benedikt Bejt 于 1493 年设计的哥特后期式拱形屋顶而闻名。拱形屋顶上流畅交错的线条有一种新艺术时期作品的感觉，与宫殿中直线条的文艺复兴式窗户形成强烈对比，极为美丽。

宫廷大厅用作宴会、会议、登基仪式等的会场，也是室内马上枪的比武场地，北面的骑士阶梯（Jezdecke Schody）就是专门让骑马的骑士进入会场大厅而设计的，近现代捷克共和国的所有总统也都是在这里宣誓就职的。

大厅的西南角有一道门通往波西米亚大臣 Ceske Kancelare 的前办公室，公元 1618 年 5 月 22 日，就是在这第二个房间里，反叛波西米亚王室和哈布斯堡皇帝的新教贵族们把国王的顾问和秘书都丢出了窗外，所幸被护城河救了一命。这一事件，史称"布拉格第二次丢窗事件（Second Defenestration of Prague）"（看来至少还有"第一次丢窗事件"，布拉格人民对窗户真是情有独钟……）

议政大厅的中间便是波西米亚国王的宝座。这个大厅的一角，现在布置了几个玻璃展柜，里面展示了部分波西米亚王室的珍宝，包括王冠等。不过是复制品，真品都在博物馆里面。

捷克篇 **04**

圣乔治教堂（Basilica of St George，捷克语 Bazilika sv Jiri）

教堂有着极为突出的巴洛克早期风格红砖外墙，它也是全捷克保存最好的罗马式教堂。由瓦茨拉夫一世建于公元 10 世纪，1887—1908 年间教堂进行了一次大翻修，将罗马教堂的庄严与巴洛克式的双重阶梯巧妙地融合在一起，形成了有趣的对比。

罗马式教堂的内景，不像哥特式教堂那么高大森严、华丽阴森，而是十分端庄古朴。在教堂尽头靠近神龛处，有着巴洛克式的双重阶梯。楼梯前面是教堂的创建者博莱斯拉夫（Boleslav）二世和瓦茨拉夫一世的陵墓。阶梯下面还有一个小拱门，从这里往下望，可以看见 12 世纪的地下墓室。当时是普热米斯王朝时期（Premysl），这一时期的国王们都被葬在这里。

圣乔治教堂中的 12 世纪壁画

圣乔治教堂

阶梯通往教堂的半圆室，这里还可以看见少数现存的 12 世纪壁画。

黄金巷（Golden Lane，捷克语 Zlata Ulicka）

是一条沿着布拉格城堡北墙的鹅卵石步道小巷。两边那些可爱的彩色小屋建于 16 世纪，最初是城堡守卫兵士狙击手的岗位，以及仆从们所住的地方。后来，这里被改成炼金师、金匠的工作室。18—19 世纪又成为贫民聚居区，而后不少作家、艺术家渐渐占据了此地。

黄金巷 22 号是一座天蓝色的房屋，成名前的卡夫卡曾住在这里，完成了《乡村医生》《致科学院的报告》等早期作品。除了卡夫卡之外，门牌 12 号住的是历史小说家玛兰纳，而曾获得过诺贝尔文学奖的诗人雅罗斯拉夫·塞弗尔特（Jaroslav Seifert）也曾住在这条巷子。

现在，巷子中的部分屋舍还原了它们在 16—18 世纪时期的模样，游客可以在这里看到当年的金匠工作室、城堡卫兵的休息室以及普通居民的住处。

黄金巷的尽头是整条巷子里最宽敞的一座三层小楼，这里当年捷克导演约瑟夫·卡兹达（Josef Kazda，1909—1984）的住所。楼梯间里都堆满了电影胶片，不过楼上是不开放参观的。

黄金巷

黄金巷中复原的金匠工作室

黄金巷中的卡夫卡故居

黄金巷中的导演故居

城堡监牢

走出黄金巷，卡兹达导演家的对面就是布拉格城堡的监牢。

地牢一层，还有窗户，可以看得到自然光线。这里是地牢守卫的办公室和审讯场所，陈列了不少当年的囚笼和刑具。接着向下，就是地牢二层了。这一层没有窗，只有昏暗的灯光。

在地牢二层的地面中央，有一个直径约50厘米的洞，下面是地牢三层，那里才是真正关押犯人的地方。

中世纪的时候，囚犯们都是被关在暗不见天日的深深地牢中，吃喝拉撒都在这里。只有头顶这么一个孔洞，食物从这里递下来。关押在地牢中的犯人，十有八九是不可能再活着出去了——且不说条件恶劣，光是这种黑暗、绝望的境况就足以令人疯狂。

城堡监狱

城堡地牢极为阴暗

无心私家攻略：

交通：

前往布拉格城堡通常都是乘坐 22 路有轨电车。这车经过 Petrin Hill、小城广场后上山沿城堡的北面行驶。因此到城堡有两站可下，前一站叫作 Prazsky Hrad，下去的人比较多，下车后穿过一个皇家园林到达城堡入口处。后一站叫 Pohorelec，下车的人较少，下车后需要走一段街道，到达城堡入口处，街景也蛮有味道，就看大家喜欢那种了。

门票：

布拉格城堡门票分为大通票（9 个景点，350 克朗）和小通票（4 个景点，250 克朗）两种。如果预计在布拉格城堡玩半天左右的话，购买小通票足矣，其中已经包含了城堡区最重要的几个景点（圣维特大教堂、旧皇宫、黄金巷和圣乔治修道院）。

玩在布拉格之二：小城区

走出布拉格城堡区，同在伏尔塔瓦河北面的，就是小城区。

它原本是8世纪时候建立的市集区，1257年的时候由普热米斯王朝的奥塔卡二世开始把这里建成了城镇。在历史上，小城区曾经经历过两次彻底的改变：一次是1419年后，文艺复兴式的建筑和宫殿取代了毁掉的房屋；而到了17世纪之后，更多迷人的巴洛克式教堂和宫殿出现在这里，让整个小城区成为极为优美的区域。

这一带如今是各国使馆以及富人们的聚居地，氛围十分优雅。卡夫卡博物馆以及著名的"好兵帅克"餐厅都在这里。

顺着小城区的街道可以一直走到伏尔塔瓦河边。这一带的河岸比较原生态，也是天鹅们最爱的栖息地。它们都不怕人，有时间的话，不妨在这儿与天鹅做一番亲密接触，给它们喂点儿好吃的。

玩在布拉格之三：旧城区

旧城区，布拉格的心脏，波西米亚王国的中心，曾经的神圣罗马帝国最辉煌繁盛的所在。

当14世纪中叶，查理四世（前面我们也多次提到过这个波西米亚国王、神圣罗马帝国皇帝的名字）决定以哥特式建筑翻新布拉格，使其成为神圣罗马帝国的新首都，旧城区就有了迅速发展的契机。

1348年，查理大学创立；1357年，查理大桥建造起来。后来的皇帝约瑟二世在1784年把大布拉格地区的城镇统合为一个城市时，旧城区的旧市政厅（今天依然存在）就成为政府中心的所在地。

从建筑风格上来看，为了减少伏尔塔瓦河洪水的损害，城镇的水平高度从13世纪

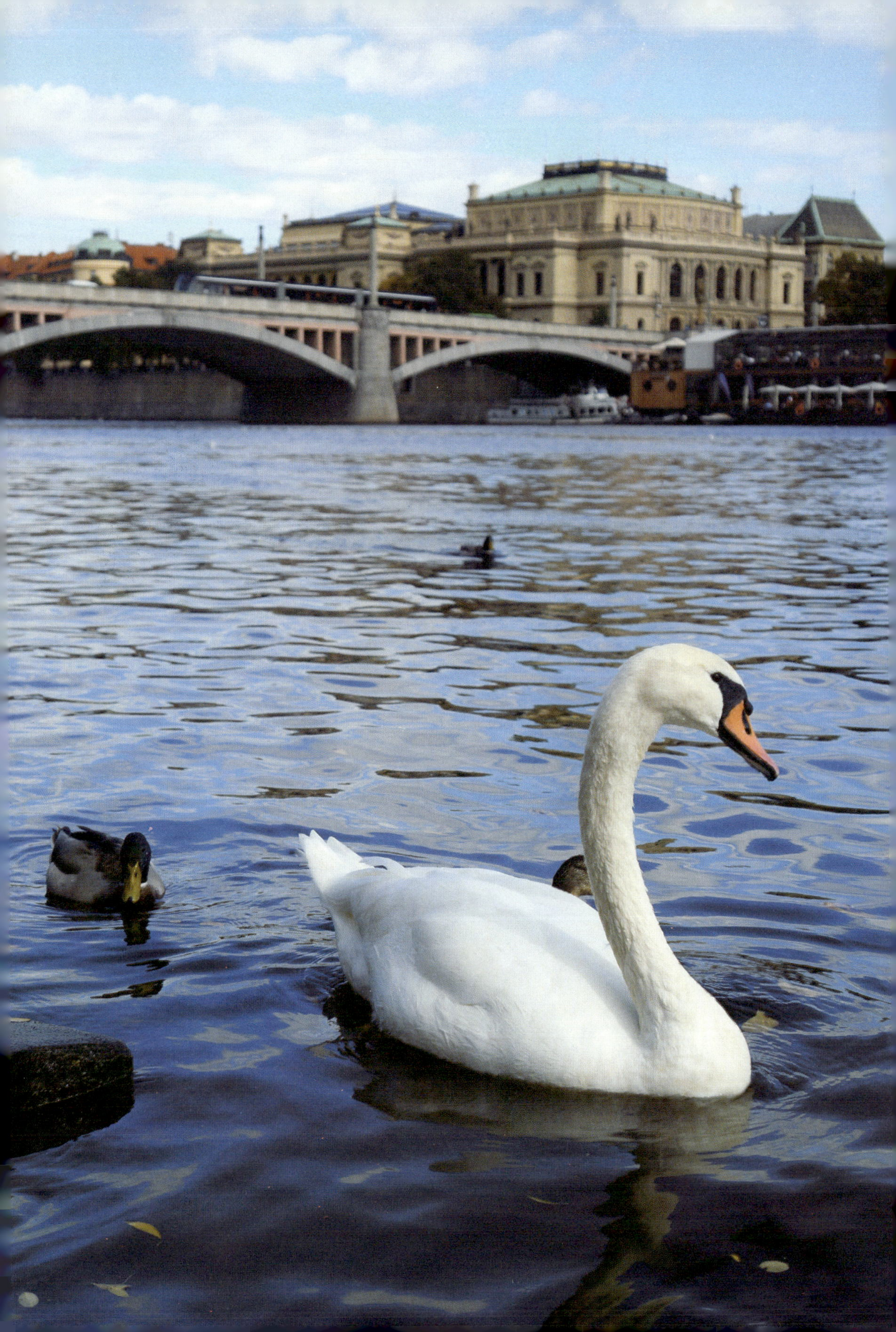

捷克篇 04

卡夫卡博物馆

好兵帅克餐厅

旧城区街景，格外有味道

171

开始就慢慢地被提升，新的建筑直接盖在旧地基之上，因此很多旧城区的建筑都有着哥特式的内部设计和罗马式的地窖。1689年布拉格经历了一场大火，它毁灭了不少老建筑，不过也给在17—18世纪时巴洛克风格的兴起提供了一个契机。

查理大桥

1357年，布拉格辉煌的缔造者——查理四世委任建筑师彼得·帕尔雷（就是负责圣维特大教堂的那位德国建筑师）在伏尔塔瓦河上建造一座新的大桥，以取代12世纪被洪水冲毁的朱迪斯桥（Judith Bridge）。这座新桥完成于1400年，不过直到19世纪

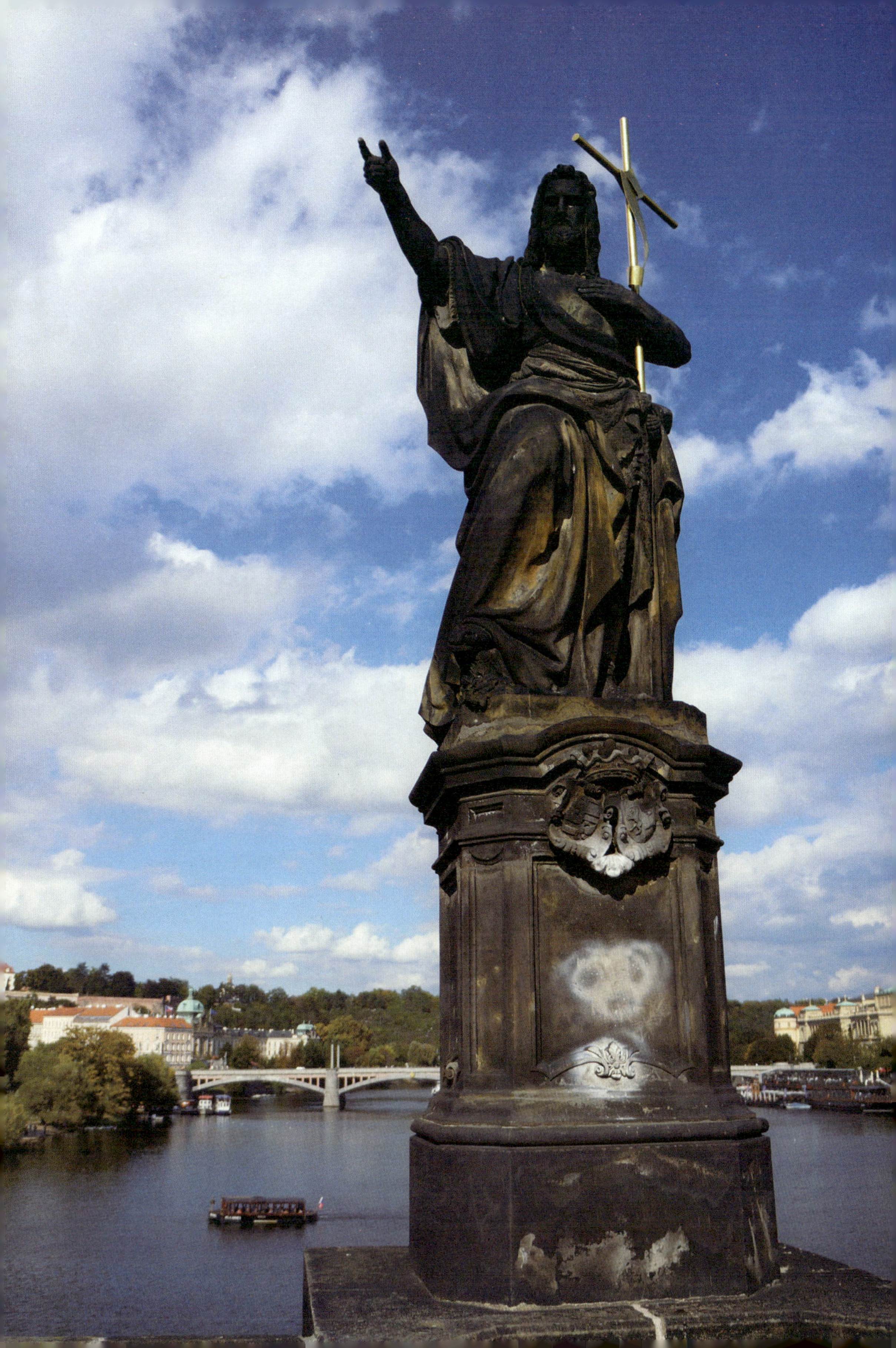

的时候，人们才开始以"查理大桥"来命名它。第二次世界大战之后，查理大桥正式改为步行桥。

查理大桥的一大特别之处，就在于桥上的众多雕像，而且个个都大有来头。第一座纪念碑，是1657年竖立的、位于桥东段（右岸，旁边就是旧城区）的十字架。

至于最受欢迎、最受瞩目的雕像，无疑是大桥上的第一座雕像——1683年完成的圣内波穆克（St John of Nepomuk）像，他的纯银灵柩就在圣维特大教堂。内波穆克的这座雕像是查理大桥的象征，传说抚摸雕像下面的铜底座可以带来好运，于是这里不出意外地变得闪闪发光。据说2010年上海世博会期间，这座内波穆克像被特地运到了世博会捷克馆（那半年，查理大桥上放着的是一座复制品，捷克人民确实诚意十足啊），当时我还和雕像合过影呢。这次来到布拉格，再次与"老朋友"见面啦！

内波穆克像的大受欢迎，引发其他天主教会争相仿效，于是在后来的30年间，又出现了20多个雕像，把查理大桥变得像教会广告牌一样。

如今，连接了小城区与旧城区的这座大桥，是布拉格最受欢迎的景点。人们常说，"查理大桥走九遍"，意思是说，唯有反反复复地在这座桥上来回，才能真正体味它的魅力。

天文钟

顺着查理大桥一端的步行街而行，很快就能来到旧城广场，这里是旧城区的中心，而天文钟是这座广场最受游人欢迎的标志物。

1410年由制钟专家卡丹的米库拉斯（Mikulas of Kadane）为旧市政厅的塔楼制造了一座大钟。1490年，另一个专家哈纳斯（Hanus）对大钟进行了改良，最后完成了今天我们所看到的这个令人震撼的钟表。

钟的旁边站立着四个人物，分别代表15世纪布拉格人的四大忧虑，分别是：

虚荣——左一手持镜子者。

贪婪——左二拿着钱袋的人，其原本外形是犹太放款人，二战后面容被改造了。

死亡——右二的骷髅。

布拉格被入侵——右一,以一个土耳其人的形象为代表。

钟面上,中央固定圆盘以布拉格为中心显示出当时的世界地图,金色的太阳以圆形路径经过了代表白天的蓝色区域、代表黄昏(Crepusculum)的西方棕色区域、代表夜晚的黑色区域以及代表黎明(Aurora)的东方区域。日出和日落的时间刻有黑色阿拉伯数字和曲线,是占星学星象钟的一部分。还有显示位相的月亮在圈内沿着日夜区块移动,可以看见太阳和月亮在黄道的宫内,还有一颗小星星的指针指出恒星时间。以上是官方解释,我自己不懂星相学,所以对这个钟显示的时间表示云里雾里。

下面那个钟面的两旁,从左至右分别是:史官、天使、天文学家和哲学家。这四种"人"是中世纪的时候,对于国家来说,除了君主之外最重要的人士。

钟面是一个日历轮,画有12个波西米亚季节风景。这些画面是19世纪重修的时候替换过的,现在我们所看到的,是复制自捷克复古主义艺术家Josef Manes在1866年的作品。

每到准点时分,天文钟都会进行敲钟表演。随着一阵音乐声响起,天文钟上的几扇"小门"咔嗒一下打开了,死神(左下角那个门里出来,照片上没能拍到)会出来鸣钟,并反转手上的沙漏。而12门徒则会从上面的小门内经过,并向着路人点头。最后,最顶端的金色公鸡会发出啼叫,然后大钟敲响几点的钟点。钟声消失时,塔楼顶端会有一个身穿古代服装的工作人员吹响小号,声音又亮又脆,响彻整个广场。至此,准点仪式结束,围观群众会鼓掌表示赞美。

每天11点的时候,天文钟的敲钟表演时间最长、场面最大。如果时间安排得当,不妨在这一时刻前往观赏。

市政厅塔楼

旧市政厅塔楼登顶，是俯瞰布拉格旧城区最好的制高点。

要登塔楼，先乘坐电梯到达大概5楼的地方，从那里检票之后，可以选择继续乘坐电梯，也可以选择自行攀登。登上塔楼顶端的电梯看上去十分魔幻，是全透明的圆形电梯，好像某种穿越时空的工具。而四周围绕着栏杆，就是步行者通道。

我不是一个热衷于登高俯瞰城市的人，这一点，从我们之前放弃过萨尔茨堡城堡，放弃过维也纳的史蒂芬大教堂登顶、CK彩绘塔登顶以及布拉格城堡中圣维特大教堂登顶等等机会就知道了。但是在布拉格的旧城中心，真的值得站在高处，脚踩着这片起伏的红色屋顶波浪，让心也这样荡漾起来。

市政厅，从这里进入可以登上塔楼

旧城广场是欧洲最大、最美的都市空间之一，从10世纪开始这里就是布拉格的主要公共广场，一直到20世纪，这里依然是市内主要的市集区。

广场以及它的周边是布拉格商业最繁盛的地方，而道路两边的咖啡馆、餐厅中从清晨到深夜都挤满了客人。广场一侧的"巴黎大道"（Parizska Trida）是通往犹太区的主干道，也是现在布拉格的名牌聚集地，顺着它可以直接走到伏尔塔瓦河边。

广场上有一座由艺术家拉吉斯拉夫·赛罗恩（Ladislav Saloun）制作的扬·胡斯（Jan Hus）雕像。这是一座新艺术派雕塑作品，表现的是捷克宗教思想家、哲学家、改革家，曾任布拉格查理大学校长的扬·胡斯。胡斯以献身教会改革和捷克民族主义的大义而殉道留名于世，他的追随者被称为胡斯信徒。这个作品在扬·胡斯去世500周年的时候，也就是1915年7月6日正式揭幕，如今也成为旧城广场的地标式作品。在广场的地面上还有一条明显的粗铜线，那就是布拉格子午线（布拉格零公里处）。

市政厅广场中心

泰恩圣母教堂（捷克语：Kostel Panny Marie Pred Tynem）

旧城广场另一侧有一座显眼的双塔教堂，教堂的名称源自其后面的一个名为泰恩（Tynsky Dvur）的庭院，这个庭院最初是为外来商旅而设的中世纪客栈，现在翻修得十分优美，成为商店、餐厅和酒店所在地。

泰恩圣母教堂有哥特式的外观，内部却是巴洛克风格。教堂主体结构应该也是建于14世纪查理四世的时代，北门那里（也就是俯瞰泰恩庭院的那座门）有一个十字架弧形天顶装饰，就出自查理四世最喜欢的建筑师彼得·帕特雷（Petr Parler，也就是建造圣维特大教堂和查理大桥的那位德国建筑师）。

泰恩圣母教堂

火药门（Praser Brana）

高 65 米，始建于 1475 年，也就是波西米亚国王 Vladislav Jagiello 二世在位期间。原址是旧城区 13 道城门之一，当时是打算作为城市的大门，旁边就是旧皇宫（今天的市民会馆）。不过，工程在 1483 年国王自旧皇宫移居到布拉格城堡之后就停工了。

之所以名字叫火药塔，是因为在 18 世纪时，这里曾被用作火药库。1875—1886 年，Josef Mocker 开始重建并装饰火药塔，还为它加上了顶上的尖塔，增添了新哥特式的风采。

如今，游客可以登塔俯瞰城市美景，上面也有关于布拉格中世纪城塔的相关展览。著名的皇家之路（Kralovska Cesta），过去曾经是国王前往圣维特大教堂（在布拉格城堡里面）举行即位典礼前的游行路线，这条皇家之路就是从火药塔出发的。

犹太区

沿着浮华而优雅的巴黎大道，向着伏尔塔瓦河的方向而行。街道两旁是爱马仕、路易威登、卡地亚等名牌的专卖店。而巴黎大道也是穿过布拉格犹太区的一条重要街道。

旧新犹太会堂　　　　　　　　　　　旧犹太公墓

　　犹太区曾经是布拉格的贫民区，不过随着犹太人的财力越来越雄厚，到了20世纪初的时候，贫民区被拆除，这一片地区也进行了彻底的改造，宽阔的巴黎大道也就在这个时候出现了。

　　当时正是法国新艺术风格风行的时期，因此大道两边建起一排排优雅的公寓，也多以彩色玻璃和各种雕刻作为装饰。如今走在巴黎大道上，眼前充斥着豪车、名牌以及漂亮的餐厅，宽敞的人行道边种植着高大树木，真的让人感觉仿佛置身巴黎。

　　旧新犹太会堂（捷克语：Staronova Synagoga），是犹太区重要的看点之一。这个听上去相当拗口的名称，其实就是说，这是一座年代久远的"新犹太会堂"。它完工于1270年，迄今已经有将近750年的历史了，是欧洲最古老的、仍在使用中的犹太会堂，也是布拉格最早期的哥特式建筑。这个会堂是收费的，门票150克朗，会堂内禁止拍照。

　　在旧新犹太会堂不远处，是另一个犹太区的重要地标——旧犹太公墓。整个公墓规模不太大，墓碑也都相当简陋，与欧洲公墓里常见的精美雕刻、开满鲜花的场景大相径庭，让人感觉到十分强烈的忧郁气氛。

据说，二战时纳粹德国曾计划将这一区保存作为种族灭绝博物馆，没想到二战结束后，倒成为纳粹的一大罪证。这座公墓也是收费的，门票同样是150克朗。

伏尔塔瓦河桥梁

除了最出名的查理大桥之外，查理大桥北面的两座桥梁也很有看头。

查理大桥以北的第二座桥，名叫契夫（Cechuv）大桥。青色的桥梁和铜雕，看上去也颇有巴黎的塞纳河上桥梁的风范。过了这座桥之后，对岸那里就有一个上山的阶梯，站在阶梯顶上，正是俯瞰并且拍摄伏尔塔瓦河上多座桥梁日暮的最佳地点。

Cechuv 大桥 　　　　站在 Cechuv 大桥上 　　　　Manesuv 大桥旁的装饰艺术博物馆

Manesuv 大桥是观看查理大桥日落的最佳地点

查理大桥以北的第一座桥为 Manesuv 大桥。这是一座通汽车和有轨电车的钢筋水泥桥梁，而这里，正是欣赏查理大桥日暮的最佳地点。桥的这一头（也就是旧城区所在的东岸）有一幢大气的建筑，是装饰艺术博物馆（捷克语：Umelecko-prumyslove Muzeum），开放于 1900 年。博物馆前面的草坪上，这位艺术家的雕像就是 Josef Manes，旧市政厅的天文钟下面那个钟面上的 12 幅波西米亚风景，就是他画的。

● **玩在布拉格之四：布拉格的建筑、艺术之旅**

作为一座完整保留了中世纪、文艺复兴以及巴洛克风情的美丽城市，布拉格，许多人沉迷于它的建筑之美、它的悠久历史，却或许忽略了它在文学和艺术上，给这个世界带来的震撼。

它是走出过卡夫卡、米兰·昆德拉的城市，是孕育了穆夏、泰维克·西蒙（Tavik Frantisek Simon）、大卫·施尔尼（David Cerny）的城市。而今天，就让我们来沿着这些文艺青年们心中伟大人物的足迹，用另一种方式，来丈量布拉格。

想知道艺术在布拉格的地位，且先按捺下拜访上面这些天才们的念头，即便是在布拉格的旧城区，在任意一条街巷中，都可能偶遇艺术的风景。

181

比如我们在查理大桥不远处、通往旧城广场的步行街上，曾看到的一处院落，它属于布拉格一所艺术院校。三把巨大的手枪雕塑互相"指着对方"，不仅视觉冲击力强，也很发人深省。而在教学楼的楼梯间，还有一处雕像。耶稣化身体操男子，以吊环的姿势完成十字架的造型。

跳舞的房子

它是捷克首都布拉格最受争议的后现代结构主义建筑之一，坐落于伏尔塔瓦河畔。1992年由美国建筑师法兰克·格里和捷克建筑师米卢尼奇合作设计，于1995年完成。

房子造型十分奇特，由充满韵律感的曲线组成，扭转的双塔就像是两个人相拥而舞，因此被称为"跳舞的房子"——左边是玻璃帷幔外观的"女舞者"，上窄下宽像舞裙的样子，右边圆柱状的则是"男舞者"。所以又有人以20世纪40年代好莱坞著名的歌舞片明星搭档金姬·罗杰斯及弗雷德·阿斯泰尔的名字，将大楼命名为"金姬和弗雷德"，认为两栋建筑物像极了他们翩翩起舞的样子。

如今，"跳舞的房子"是一栋办公楼，房子顶楼是布拉格有名的法式餐厅——布拉格珍珠餐厅。从餐厅顶楼可以远眺城堡和大教堂，尤其当夜幕降临时，边用餐边欣赏布拉格城堡的灯火与伏尔塔瓦河上的游船光影，令人难忘。

这栋建筑从规划到完成一度是贬多于褒，尤其是设计者法兰克·格里曾被称为"外星人美国建筑师"，人们评论他"漠视当地风土环境，只一味移植美国经验"。捷克人戏称街角那个玻璃曲线塔为"被扭曲的可口可乐瓶"，还有不少人甚至认为这栋房子是美国继第二次世界大战后在欧洲投下的第二颗炸弹，是一个破坏城市纹理的象征。

我倒是觉得新建筑未必非要与环境完全一致，在整座城市风貌极为完整的情况下，偶尔为之的几座特立独行的建筑反而可以成为城市的象征。就如同巴

黎的埃菲尔铁塔、蓬皮杜艺术中心,还有卢浮宫前贝聿铭设计的玻璃金字塔,也都曾经引发过激烈的争议,甚至是抗议。而如今,它们都成为巴黎的标志性建筑。

墙画

捷克人民天生充满艺术细胞,而且极为热爱在建筑的墙壁上勾勒图案,CK 的城堡如此,布拉格城堡与街头的许多建筑也是如此。

它们大多以骑士、贵族作为主题,旁边装饰以藤蔓、花朵图案。也有一些是规律性的几何图案,例如 CK 小镇城堡的内庭院,墙壁上的城砖就是画出来的。而布拉格城堡的墙画更加特别,走近细看,居然是镂刻出来的,具有实实在在的立体感。

市民会馆(Obecni Dum)

市民会馆又称市政大楼,是布拉格最华丽的建筑,坐落在皇家路旧皇宫遗址之上。

公元 1383—1483 年,旧皇宫是波西米亚国王的居所,在 19 世纪末被拆毁。而市民会馆就在 1906—1912 年在原址上建成。工程由当时 30 个最出色的的建筑师、艺术家合作进行,让它为之后的捷克国家复兴时期建筑风潮打下了根基。

市民会馆的建设过程中,捷克国宝艺术家穆夏(Mucha)也参与了大量壁画的绘制,包括大门入口处顶上的马赛克画"向布拉格致敬"。这幅画象征着捷克人的苦难与重生。而建筑内部的穹顶、墙壁以及市民会馆咖啡厅的天花板等处,也都有穆夏的画作。

如今的市民会馆是布拉格的文化中心。

穆夏博物馆（Mucha Museum）

布拉格的各个名人博物馆规模都不太大，穆夏博物馆就位于一幢看起来十分普通的楼房的底层。

阿尔丰斯·穆夏（Alphonse Maria Mucha）是我最喜欢的近代艺术家之一，他成名于巴黎，受到当时法国最流行的"新艺术运动"影响，形成了自己独特的、非常具有辨识度的绘画风格，创作了大量的画、海报、广告和书的插画，同时从事珠宝、地毯、壁纸及剧场摆设等设计。

1910年，穆夏放弃了商业性绘画的成功给他带来的声誉和安逸的生活，带着家人结束了在法国和美国的长期客居生活，回到了故乡。50岁的穆夏用了18年时间，完成了一个规模宏大的主题——"斯拉夫史诗"（The Slav Epic），整个主题包括二十幅尺寸巨大（610cm×810cm）的油画作品。可以说，"斯拉夫史诗"的诞生，让穆夏脱离了单纯的"装饰画家"身份，成为一个在美术史上真正具有分量的伟大人物。

捷克人民一直没有忘记他们的这位国宝艺术家，在穆夏逝世70多年后，布拉格

捷克篇

街头依然处处可见穆夏的作品。大众深深地热爱他，在穆夏的博物馆里，展出了他巴黎期间创作的多幅著名海报，包括前面所说的他的成名作——歌舞剧"Gismonda"的演出海报，还有回到捷克之后的一些装饰艺术作品，包括铅笔画草稿等，也有他的一些书桌等当年遗物。

博物馆里面有一个录像室，循环播放穆夏的生平纪录片。有英文版本的，可以大概看懂。

穆夏博物馆

开放时间：每天上午10点之后开放。

门票：180克朗

地址：Panska 7，Praha 1（地铁A、B线的Mustek站）。也可以乘坐Tram 3到namisti站下车，然后走过去。

电话：224 216 415

布拉格邮政总局

捷克的邮票举世闻名，不管你是不是集邮爱好者，都不妨在这里买上一些邮票、明信片、首日封等，这些精美的小东西不但能让你回想起在布拉格的美妙时光，也极具收藏价值。

185

邮政总局大楼，本身就很漂亮，照例有着精美的墙画。有一个专门的窗口出售邮票，价格也比较合理。

地址：Jindrisska 14, Praha 1

大卫·施尔尼（David Cerny）的作品

这个1967年12月15日出生于布拉格的男人，可以说是捷克当代最负盛名、也最有争议的艺术家。他的作品永远充满了想象力、幽默感和娱乐性，因此总能成为话题。最近的一次，就是伦敦奥运会时，他以伦敦的红色双层巴士为蓝本，制作出了"会做俯卧撑"的红色巴士，据说该巴士一边做俯卧撑一边还会发出"猥琐的声音"……

永久留存在布拉格的大卫作品，最出名的有四个，我们因为时间有限，去了最近的两个。

1997年完成的Viselec，位于旧城区的Husova街，就在我们光顾过的两只猫餐厅以及卢浮咖啡馆不远处，步行即可到达。这是一个戴眼镜留着小胡子，长得有点像弗洛伊德的男人。他轻松地以单手挂在一条横向伸出在街道上空的柱子上。来来往往的

人们，不抬头看，可就错过他了哦！

第二个作品，同样离得不远。Kuh，1999年完成。它在瓦茨拉夫广场一侧的一条马路上的卢奎娜宫（Lucrena Palece）。悬挂在卢奎娜宫中庭的这个作品，人物就是圣瓦茨拉夫（繁华的瓦茨拉夫广场就是以他的名字命名的）。国家博物馆门前有一座著名的瓦茨拉夫骑马像，是捷克的象征之一。而大卫的瓦茨拉夫雕像，则让圣人胯下的马变成一匹四脚朝天的死马，真是极具讽刺意义。

卢奎娜宫本身就非常漂亮。这座建于1920年的复合式建筑，是由Vaclav Havel设计的。至今，Havel家族还拥有这座建筑的一部分产权，包括电影院、剧院、部分商店、一家摇滚乐酒吧以及几间餐厅和咖啡馆。

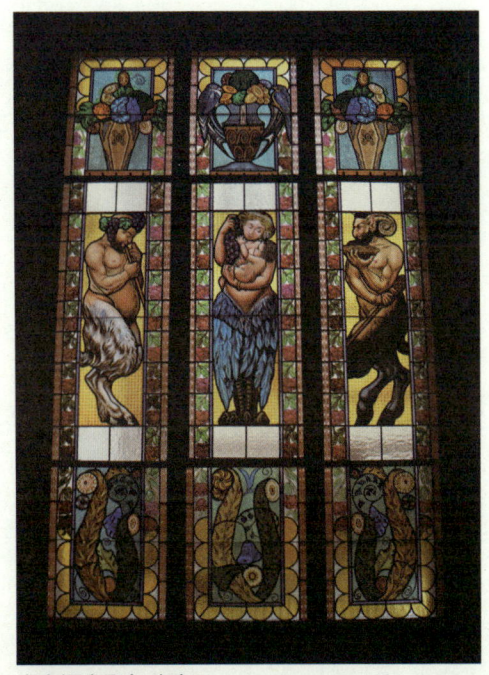

卢奎娜宫彩色玻璃

木偶戏

木偶是捷克，特别是布拉格的一大特色，旧城区就有著名的国家木偶剧院（Narodni Divadlo Marionet），表演使用的牵线木偶最大的甚至有真人大小，这里晚上有英文演出的《唐璜》，对游客来说很值得一看。

国家木偶剧院

地址：Zatecka 1

电话：224 819 323

交通：地铁 Staromestska 站

网址：www.mozart.cz

另一家木偶剧院也值得一去，它是演出捷克著名的父子木偶剧角色"斯阜布＆黑尼威"的专属剧场，票价比国家木偶剧院要

便宜很多，但是没有英文场，都是当地人带着小朋友一起去看的，据说气氛极好。

斯卑布 & 黑尼威剧场（Divadlo Spejbla & Hurvihka）

地址：Dejvicka 38, Praha 6（地铁 A 线到终点站 Dejvicka 站下车换电车 2、5、25、26，或者下地铁后步行即可）

电话：224 316 784

网址：www.spejbl-hurvinek.cz

国家博物馆（Narodni Muzeum）

位于市中心的瓦茨拉夫广场尽头。这座新文艺复兴式建筑，建于 1880 年，是捷克国家复兴的建筑象征。据说内部有着华丽的大理石装饰，不过我们时间有限就没有入内参观。

博物馆外墙比较浅色的部分布满了弹孔，这是 1968 年的时候，以苏联军队为主的华沙公约组织士兵入侵捷克斯洛伐克，士兵们将博物馆误认为是共和国前国会和广播电台，而进行了攻击。

瓦茨拉夫广场尽头为国家博物馆

捷克篇 04

国家博物馆门前的圣瓦茨拉夫像是布拉格的象征

博物馆平台上是一座著名的圣瓦茨拉夫骑马像（大卫的作品就是将这座著名雕像进行颠覆性改造）。它出自 Josef Myslbek 的手笔，可以说是布拉格的象征之一。

布拉格火车总站

火车总站的地下候车处直通地铁车站，这里非常现代化，遍布商场、咖啡馆和餐厅。旅客可以在咖啡厅中一边享受餐食，一边通过电子屏幕查看自己乘坐的火车班次情况。

不过，布拉格火车站真正的精华，却是在头顶上。布拉格火车总站建于 1901—1909 年，由建筑师 Josef Fanta 所建。是一座令人惊叹的"新艺术风格"建筑。如今，地面建筑已经不再具有实用功能，成为纯粹的欣赏作品。当年的月台如今仍然沿用，废弃的火车站地面部分也保留了下来，虽然破旧却依然不减风采。而这种美轮美奂的、有些破败残缺的美，正是布拉格啊。

189

布拉格火车总站

🍴 吃在布拉格

Hostinec U Kalicha 餐厅

《好兵帅克》的作者哈谢克常去的啤酒屋，旁边的小店有很多帅克的相关纪念品卖。两人吃饭大概 1000 克朗。

地址：Na Bojisti 12-13, Praha 2

电话：+420-296 189 600-1

网址：www.ukalicha.cz

两只猫餐厅（U DVOU KOCEK）

这是日本绘本作家菅泽佳代在她的绘本书《叫醒布拉格》中推荐的一家餐馆，历史很悠久，他家的啤酒也非常出名。更重要的是……没有游客，这是本地人才爱的餐厅。

一进门，就能看到壮观的啤酒桶。餐厅始创于 1678 年，已经有 335 年的历史了！生意很好，好多位置都被预订了。里面的装饰布置也很有感觉。既然叫"两只猫餐厅"，当然店内到处可见"两只猫"……

推荐菜式：

布拉格火腿（75 克朗），配酸黄瓜和沙拉酱、芥末酱。这种冷火腿算是当地特色，不过我觉得味道略微有点膻，比不上西班牙火腿那么合我的口味。

炖牛肉（196 克朗），配捷克菜常见的主食"馒头"——是的，无论从形状还是食

捷克篇 04

材还是味道，都和中国的馒头蛮像的，这份炖牛肉还给了两种不同的馒头。味道很好，牛肉酥烂，很入味，酱汁也刚好可以用来蘸馒头和面包。

烤鸭，捷克的烤鸭、烤肋排也是非常出名的，肉食动物不妨试试。

啤酒，是"两只猫"最值得品味的饮品。味道清新爽口，不比德国啤酒逊色。

交通：地铁 B 线 Mustek 或 Narodni Trida 站附近。

地址：Uhelny trh 10, Praha 1

电话：+420-224 229 982

191

两只猫餐厅

卢浮咖啡馆（Cafe Louvre）

正如咖啡馆的名字所示，这是一间充满了巴黎情调的咖啡餐厅，走上灯光昏黄的楼梯，就能感受到浓郁的巴黎情调。整个三楼都属于卢浮，宽敞明亮，装饰风格充满了马卡龙般的甜美，那是巴洛克式的轻柔温软。据说，卡夫卡正是在这间餐厅写出了《变形记》，不管此事是真是假，已有上百年历史的卢浮咖啡馆无疑是这座城市中最负盛名的美食之地。

推荐菜式：

牛肉汤（59克朗），做法十分特别，将牛肉和土豆泥、蔬菜碎末混合在一起做成牛肉球。汤盆里还垫了许多蔬菜丝。上菜后，侍

卢浮咖啡馆

者会将牛肉清汤注入汤碗，一股子香气便氤氲而来。这份汤口味清新不腻，又相当有饱腹感。这款汤配免费的面包吃，卢浮的面包也更偏向法式面包，种类蛮丰富。不像大多数捷克的餐厅，提供的都是切片的黑面包，或者是蒸熟的馒头片。

白汁三文鱼（186克朗），配土豆团。中欧的土豆团子都是在土豆泥中又加入淀粉等其他配料做成的，很扎实，也很有弹性和嚼头。

餐后甜点可选择奶油泡芙饼干加蛋奶酒（58克朗），最后再喝一杯清爽的薄荷冰茶（39克朗），就是令人满足的一餐。

其实在卢浮咖啡馆来个下午茶也是非常好的选择，这里有品种丰富的自制蛋糕，同样是法式风格。咖啡一般是每杯48~55克朗，折算成人民币不到20元，这已经是布拉格最负盛名的咖啡馆之一了。所以捷克的物价还真的是蛮喜人的。

卢浮咖啡馆盛名在外，甚至还出售相关纪念品，品种更是出人意料地十分丰富。

地址：Narodni 20, Praha 1（坐地铁B线黄线到Narodni Trida站，有轨电车22路），就在Tesco超市的隔壁。

电话：224 930 949

网址：www.cafelouvre.cz

● 住在布拉格

Aparthotel Davids

旅馆的位置还算可以，离公车站较近，走去地铁Florenc站则需要8~10分钟。不过在这里乘坐地铁无须换乘就能直接到达火车站，还比较方便。

房间内设施相当齐全，带有一个室内小厨房（有微波炉和电水壶，还有餐具和各

种清洗用具）。卫生间和浴室是公用的，不过也就是两个房间公用，而且就在门口，所以基本上和私用差别也不大。

  房费含早餐，接待处和早餐室那里有 WiFi，房间里无信号。通过 booking.com 即可预订。

  交通：地铁 B/C 两条线，以及有轨电车 8/24/3/26 等 Florenc 站附近，公车 Tesnov 或 Bila Labut 站附近。

  地址：Biskupsky dvur 3, Prague 01, Praha 1, 11000, Czech

  电话：+420221779343

  Email：aparthotel@davids.cz

捷克篇 04

布拉格，从城堡俯瞰小城区

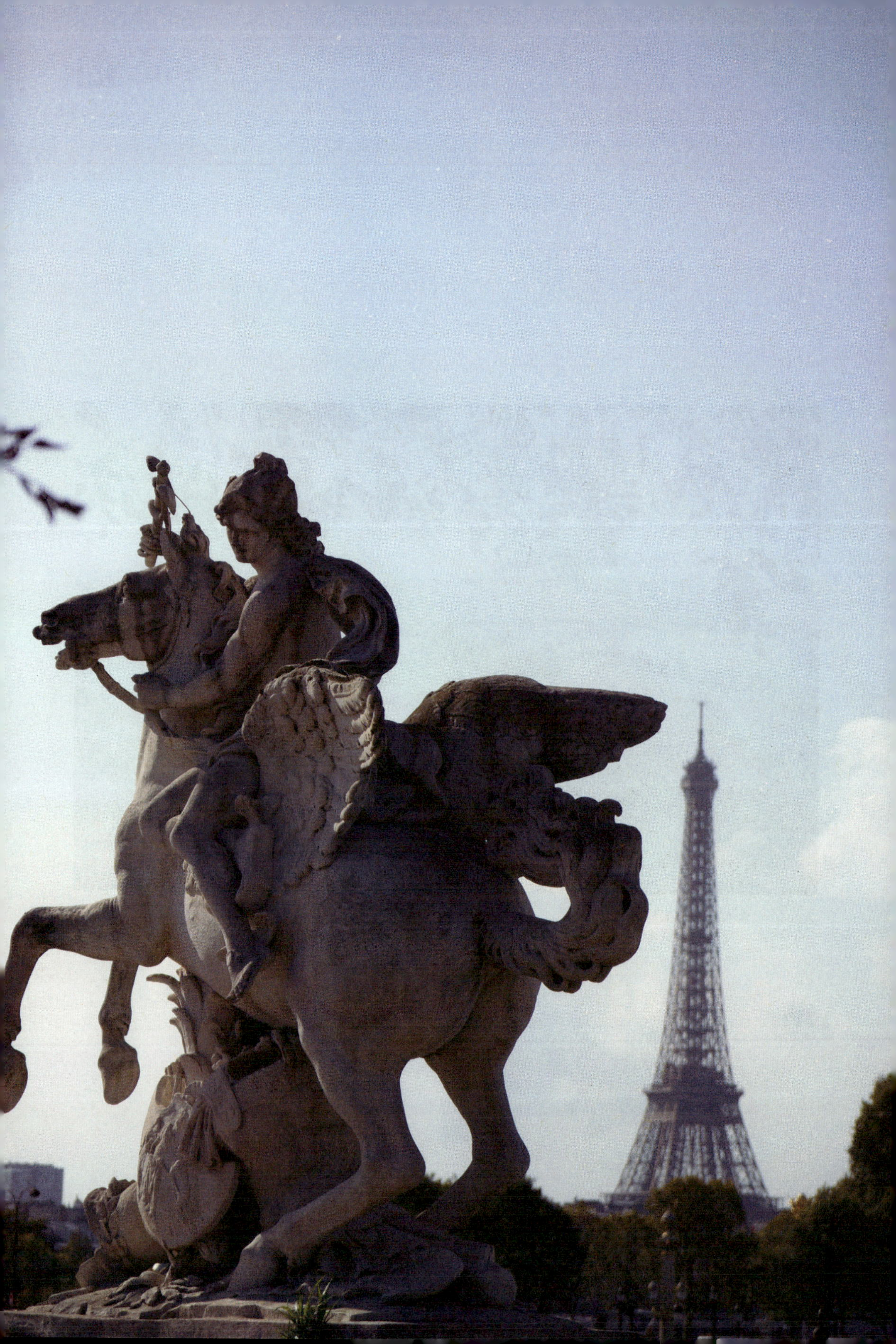

法国篇

一直以来，法国对我来说就像是"最熟悉的陌生人"——我曾在这里度过两年半的时光，读书、打工、旅行、生活。而自从 2005 年我离开法国回到中国之后，近 10 年间，还未曾重游故地。

最近这次的长途旅行，我终于把目的地圈定——法国。带上同事 Soyota 和她的中学同学小瘦子，三个姑娘踏上了我们 18 天的法国之行。

如果说，德国式童话表现在精巧建筑，奥地利童话书写着大城小镇的音乐之声，捷克则以神秘而悠长的波西米亚民间故事取胜，那么法国式的童话，就一点一滴渗透在巴黎的辉煌大气，以及卢瓦尔河谷的王朝辉煌之中。

这个欧洲大陆我最喜欢的国家，藏着无数珍宝，正等待我们一一发掘。

入境交通：RER、大巴与火车

从巴黎机场出发

从巴黎的戴高乐机场到达巴黎市中心，通常有两种方式。

第一种是乘坐 RER，这是一种类似地铁的快线车，站距比地铁要长，主要是连接巴黎市中心和城郊的。从机场到市区的 RER 车票约为 10 欧元（巴黎的交通费、门票每年都会有小幅度上涨）。

优点是 RER 可直接换乘地铁，四通八达，可以到达巴黎几乎任何一个地点。

缺点是乘客鱼龙混杂，碰到早晚高峰时段的话，相当拥挤，还需要提防行李和随身物品的安全问题。而且因为巴黎的地铁历史悠久，很多车站或者站内换乘通道是没有电梯的，搬运行李十分费劲。

第二种是乘坐机场大巴。从戴高乐机场开出的大巴分别来自两家公司，共4条线：

Roissy bus 拥有1号线和3号线。1号线到Opera歌剧院（16.5欧元），3号线到Orly机场。

Les Cars Airfrance则拥有2号线和4号线。2号线终点站凯旋门（17欧元）；4号线停靠里昂火车站，终点站为蒙帕纳斯火车站（17.5欧元，这条线比较长）。

我更推荐乘坐大巴，放弃RER的方式。虽然大巴车要贵一点，但是人就轻松多了，不必提着行李上下RER与地铁站的通道，更不必换乘，轻松、方便、安全。

这4条巴士线的车站是在一起的，戴高乐机场1号航站楼32号出口门的对面就是。需要事先在车站的自动售票机上买好车票。自动售票机只能使用芯片式信用卡购票。

购买机场大巴车票

在法国乘坐火车

关于乘坐法国的火车,以及购买车票事宜,我的个人经验供大家参考:

1. 法国通票

由于本次旅行有多达 6 段长途火车的旅程,所以起初我是打算购买法国通票的。二等座 6 天票的票价折合人民币约 2100 元。但是,这些路段中大多数需要乘坐 TGV,持通票乘坐 TGV 必须事先订座,通过国内代理订座的话,订座费每张票要加 10 欧元以上,且每张票还需要支付出票费 4 欧元,这样加起来可就一点都不便宜了。

当然,你也可以直接到法国的火车站订座,但是,我经过研究之后,发现网络上的驴友们纷纷表示,一般是不可能在火车站订到当天或者第二天的 TGV 座位的,因为放给通票的座位极少。

于是,我将这 6 程火车分别在法国国铁网站上查询了一遍,将显示的票价相加后,发现与通票的价格相似,共计 284 欧元。而通票如果加上订座费、出票费的话,那就远超过点对点单独购票了。

2. 网络直接购票

由于上面的原因,最终我选择了在法国国铁网站上一程一程单独购买点对点的火车票。

事实上，如果提前 15～20 天以上购票的话，很多路段都是有优惠票的，有些甚至便宜得惊人。使用 VISA 或者 mastercard 的信用卡就能付款购票了。购买成功后，将会发送一封邮件到你的信箱，即可下载 pdf 版本的车票了。出发前，将车票打印出来，带着上路就行啦。

法国国铁网站：www.sncf.com （有英文页面）

蓝色显示屏代表出发，绿色显示屏显示到达车辆

3. 火车站购票

对于一些短途火车旅行，例如图尔到周边各大城堡、尼斯到其附近的城镇，我们就选择了当场到火车站购票。因为区域内的短途火车票通常都是当天有效甚至一周内有效，也就是说，可以在指定的有效期限内乘坐任一时间段的某地到某地火车，这样旅行的时候可就灵活、方便多了。不但可以随时调整时间，而且短途旅行的车次非常频密，完全不会耽误游玩。

举个例子，我们到达法国的第一天下午，从所住的图尔出发到布洛瓦皇家城堡游玩。我们在图尔火车站购买了一张图尔—布洛瓦的来回车票。卢瓦河地区的区内火车票一般是一周内有效，可在有效时间段（这一周）内的任何一天使用。在当天，可以随意乘坐这两个地方之间往返的火车，我相信当中还能在该路段中的任意车站上下。不过，需要注意的是，这不是周票！只能在这一周内的某一天使用，上车前需要先在车站的打票机器上打一下，就会打上当天的日期，只能在该日期的当天使用。

法国的火车站通常来说，不但在站台上方有醒目的大指示牌显示车次和站台，在车站各个角落也都能找到悬挂的屏幕显示器，上面会不断更新车次、目的地、途经的主要站点以及乘车月台等信息。蓝色屏幕的是出发，绿色屏幕的是到达。一般来说，在火车出发前 20 分钟才会显示出最终确定的站台，然后旅客们看准了目标飞奔而去。

201

卢瓦尔河谷：城堡三章

1. 布洛瓦，一段奇幻的时空变幻之旅

"香波堡离这里还有20公里?！"听完布洛瓦（Blois）火车站旅游问讯处的工作人员的话，在这明朗朗、灿亮亮的青天白日之下，一道雷劈得我和Soyota不由晃了两下，几乎要哭晕在车站厕所。

这是我们到达法国的第一天。

从戴高乐机场一下飞机，便马不停蹄地乘坐机场大巴来到巴黎的蒙帕纳斯火车站（这里出发的火车通常都发往法国的西部与西南部），一个多小时后，到达图尔（Tours），也就是卢瓦尔河谷的中心城市。几乎所有的知名城堡——香波堡、舍农索堡、昂布瓦斯城堡等——都距离图尔在40分钟的火车车程内，所以将这座城市作为城堡游的大本营是再合适不过了。

找到旅馆，办完入住，稍事休息一番就直接乘坐火车赶往布洛瓦，打算把我们在法国的第一段游程，奉献给著名的香波堡。

香波堡（Chateau de Chambord），卢瓦尔河谷规模最为庞大、建筑最为壮观的一座城堡。它就像平原中突兀矗立的一个巨大的四合院，在所有的皇家城堡中拥有举足轻重的显赫地位。

行前，我在参考其他网友的游记帖子而做的攻略中写道："到达布洛瓦之后，火车

站对面是汽车站，向城堡方向走过去，其实还真的只有五分钟的路。"直到我们想去火车站旅游问讯处拿份地图，顺便确认一下城堡的方向，这才知道，所谓5分钟路程的其实是布洛瓦皇家城堡，而香波堡远在20公里之外，从每年的9月1日到12月31日，周一至周五每天只有一班公车（2路车）从火车站前往香波堡，时间为中午12:29。今天的公车已走。

"要不，你们就打车吧。单程35欧元，来回70欧元。"工作人员用充满同情的目光看着我俩。

我们对视了几秒钟，又犹豫了几分钟，终于还是决定拼了。"来都来了，70欧元就70欧元吧！"Soyota的声音跟患了牙痛似的。

顺着工作人员指引的方向，我们走向车站停车场。遗憾的是，尽管已经怀着"风萧萧兮易水寒，钞票一去兮不复返"的悲壮心情，我们却还是没有找到传说中的出租车。寻了个在停车场上抽烟的时髦女郎问，她却摇头道："抱歉，我也不是本地人。"

就这样，与布洛瓦皇家城堡的邂逅，纯属偶然，纯粹无奈。但当我们踏上那条不过5分钟步行路程、通往城堡的道路时，还不曾预料到，后面的结果会是如此完美。

公元10世纪，本地领主布洛瓦伯爵在卢瓦河岸不远处的高地上，为城堡打下了第一块基石。300年后，哥特风格的中世纪城堡已经颇成规模。如今，走进布洛瓦皇家城堡的

站在城堡平台，可以远眺布洛瓦小镇、卢瓦河以及河边的 St.Nicolas 大教堂

每一个人,都可以在这里完成一段奇幻的时空穿越之旅,它就宛如一部活生生的法国建筑史书,摊开来细读,每一页都流光溢彩。

许多我们对法国历史略有所知就曾听说过的名字——路易九世、美男子腓力四世、弗朗索瓦一世、亨利二世、安托万·波旁、路易十三、加斯东·奥尔良……都曾经住过这座城堡。每当我们

站在城堡平台上的无心

徘徊在国王与王后们的寝宫,看阳光穿过窗户上的铁艺图案投射到地面,在花纹地砖上映出深深浅浅的影子,就忍不住会感慨:或许,我踩着的这块地砖,伟大的弗朗索瓦一世也踩过……

一路穿越过13世纪的哥特式、15世纪的火焰式、16世纪的文艺复兴风格和17世纪的古典风格厅堂,也攀登过传说达·芬奇参与设计的螺旋式楼梯,我们结束了这一次时空穿梭,然后站在卢瓦河黄昏的斜阳下。圣加莱小教堂旁,已长了数百年的高大树木在阳光里树影婆娑,远处的天空被滑翔而过的飞机画出一道道交错的弧线,如同印象派画家的画布。

没有旅行团的喧哗嘈杂,却又有着丝毫不逊色于香波堡的体面与繁华。我们不必艰难地将镜头勉力避开人群,而可以从容地思古,也能毫无顾忌地想象。

站在城堡的巨大平台上,俯瞰宁静无波的卢瓦河。眼前的一切仿佛还停留在加斯东·奥尔良公爵的17世纪,而东边的巴黎,公爵的侄子、他哥哥路易十三的长子,年轻的国王路易十四已经举起长剑、挽住战马,即将开辟一个崭新的时代。

这是布洛瓦的夕阳,而波旁王朝的百合花,却正在怒放。

图文实录:布洛瓦的光辉岁月

在法兰西王国的政治中心最近一次迁往巴黎之前,卢瓦尔河谷曾有过一段光辉的岁月。

不论是瓦卢瓦、奥尔良还是昂古莱姆王朝的统治者,都沿着卢瓦河建造了皇家城

堡，在这里问政、居住、狩猎、行游。直到波旁王朝的亨利四世与路易十三在法国的地图上，于塞纳河两岸画了一个圈，卢瓦河才渐渐沉寂下来。

布洛瓦皇家城堡虽然不及香波堡出名，但我觉得这更多的是因为它建造得更早，规模和精美程度略有不及。若论其历史的悠长、故事的丰富以及在这里居住过的法国国王数量之众多，香波堡都是不能与之媲美的。

城堡今天的入口处，是路易十二侧翼，修建于 1498—1501 年。所以，入口大门的上方，赫然就是骑马的路易十二像。

入口处大门的上方，是骑马的路易十二像

这片建筑是火焰哥特式风格，这种建筑兼顾了来自北欧的影响因素和来自意大利的装饰风格，塔楼顶端以及窗户上面高而尖、看上去有点像火焰的装饰，就是典型的表现。在门楣上还能看到刺猬的浮雕。刺猬是路易十二时代的象征，算是给自己造的房子盖个戳儿。

话说，路易十二与路易十三可不是直系亲属，两人也差了快 200 岁，甚至不属于同一家族。路易十二是瓦卢瓦王朝的君王，路易十三则来自波旁家族，16 世纪的时候，安托万·波旁也在布洛瓦城堡住过。当然了，这些不同家族（不同王朝）的君主们，最初的祖先都是一个。他们共同的祖爷爷路易九世，在 13 世纪的时候就是布洛瓦城

遇见欧洲，遇见童话

路易十二侧翼

路易十二侧翼的建筑风格是火焰哥特式，塔楼顶端以及窗户上面高而尖，有点像火焰的形状

堡的主人了。

- 1515年，弗朗索瓦一世登基。这一年，他21岁。

这个雄（大）才（手）大（大）略（脚）的年轻人，野心勃勃，财大气粗，不仅在布洛瓦城堡留下了属于自己的侧翼，还一口气修建了香波堡、昂布瓦兹城堡等著名的皇家堡垒，可谓是文艺复兴时期欧洲大陆最热爱建筑和艺术的国王。

他刚刚登基的同年，就开始建造北面的这一片弗朗索瓦一世侧翼，用5年时间建成。这组建筑的装饰风格深受意大利影响，国王简直就是一个资深"意迷"，所以不难理解，1年后他就迫不及待、言辞恳切地从意大利把达·芬奇给请了过来。

达·芬奇的到来，令弗朗索瓦一世侧翼的"意式"风格更加明显。

弗朗索瓦一世侧翼上的螺旋楼梯就是证明。后来，在建造香波堡的时候，将这种螺旋楼梯做了进一步升级，变成了著名的"双螺旋楼梯"——两组独立的楼梯相互交错地围绕着一个共同的轴心，螺旋式地盘旋而上，同时上下楼梯的人，可以相互看见，而不会碰面。据说，这是当年国王为避免王后和他的情妇正面相遇时引起尴尬和纠纷。传说中，这两种螺旋楼梯就是达·芬奇设计的，不过未经证实。

路易十二侧翼的立柱与长廊，非常漂亮

站在入口处的"路易十二侧翼"，可以看到城堡院落的整体模样

弗朗索瓦一世侧翼的楼梯底部雕刻着花体的F，以及戴着皇冠的蝾螈。如果说，刺猬代表了路易十二，那么蝾螈就象征着弗朗索瓦一世。在这一侧翼中，蝾螈的身影处处可见，而它们出现在香波堡中的次数就更加频繁啦！香波堡内有一个厅堂的顶部，就"爬"满了蝾螈，这么多"国王"炯炯有神地看着客人们，够威风。

正常的参观路线应该从路易十二侧翼进入城堡，然后来到弗朗索瓦一世侧翼，最

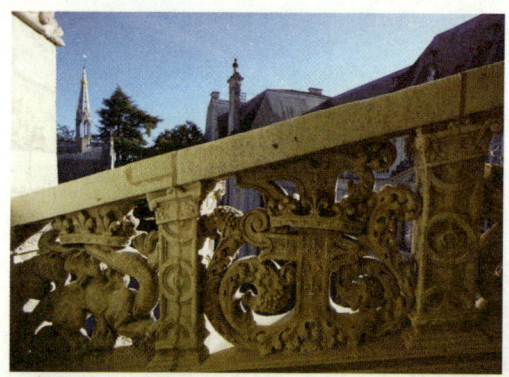

弗朗索瓦一世侧翼是典型的意大利式风格，这个螺旋楼梯就是证明

弗朗索瓦一世侧翼，是 1515 年弗朗索瓦一世登基后开始修建的

后回到路易十二侧翼而结束。可以说，国王大厅、王后卧室、美术博物馆等都集中在这两个侧翼。

　　不过，我们却被气势十足的加斯东·奥尔良侧翼给吸引住了，直接从这里走进了城堡。

　　加斯东·奥尔良公爵是路易十三的弟弟，也就是后来的太阳王路易十四的叔叔。此时，法兰西已经在波旁王朝的统治之下了。奥尔良公爵于 1635—1638 年加盖了以他的名字命名的侧翼。不过，因为哥哥路易十三的宰相兼红衣主教黎塞留曾经插手他的婚事，奥尔良公爵一直对他怀恨在心，后来干脆起兵叛乱。总之，他跟国王和政府军一直打打停停，后来也没有心思盖城堡了。所以这一侧翼最后也没有全部完工，房子虽然盖好了，却没有完成装饰，里面空荡荡的，连他的卧室都没有，着实悲催。

　　我们从加斯东·奥尔良侧翼进入，花了大约一个半小时，走走停停地看完了目前开放的城堡房间。走出主建筑，在圣加莱小教堂和加斯东·奥尔良侧翼中间，有一条

法国篇 05

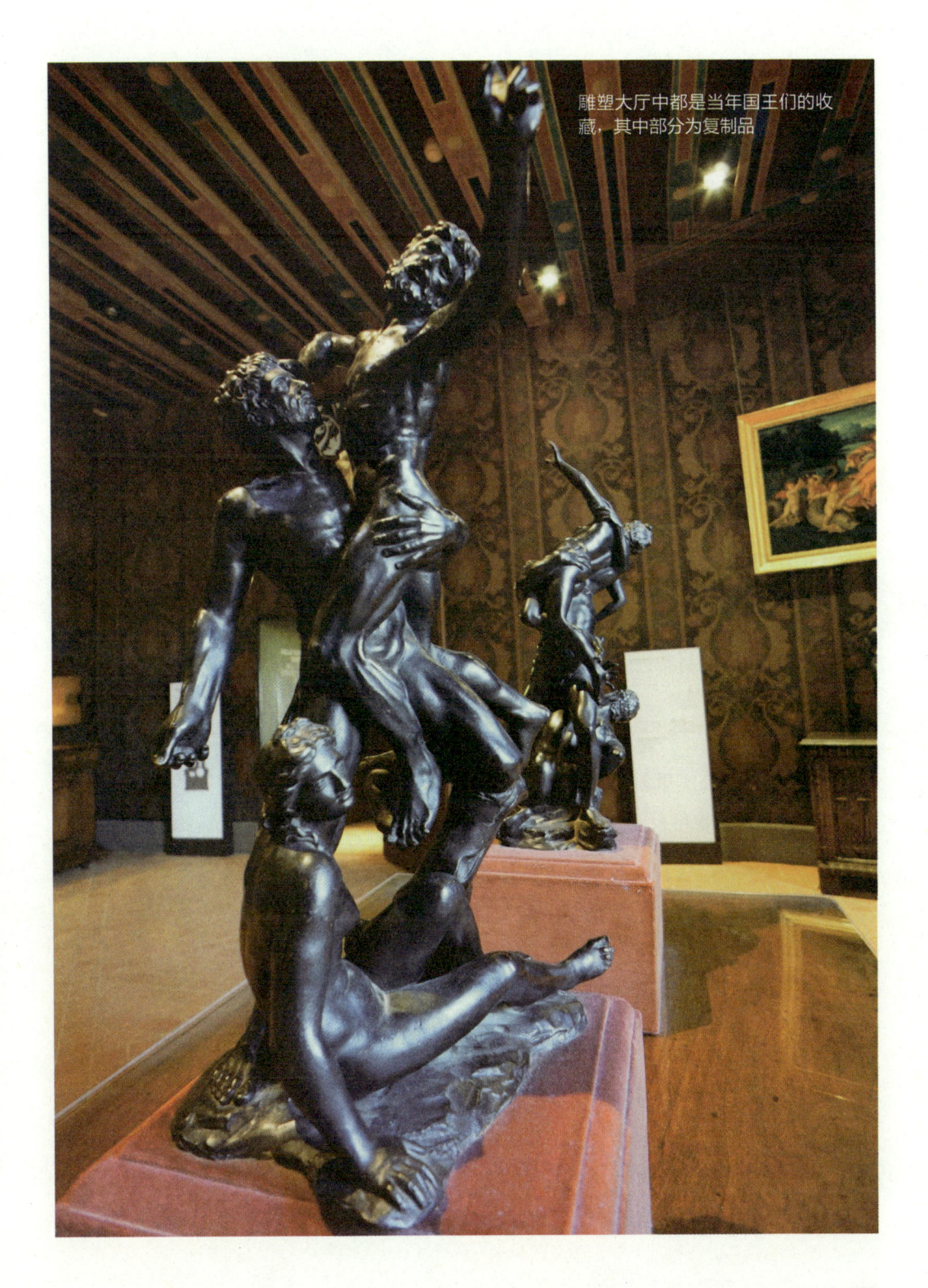

雕塑大厅中都是当年国王们的收藏，其中部分为复制品

通道通往城堡的大平台。踏上平台向下俯瞰，卢瓦河水波澜不兴。整座布洛瓦小镇宁静祥和，好像直接从 17 世纪跨越到了今天。

出了城堡，才发现对面的街上就是旅游问讯处。于是又跑进去拿了份地图，工作人员很仔细地为我们圈出了其他著名景点，特别提到一个地方，说："这里看出去的景观很美哦！"

于是我们穿越小镇，在 Rue de Palais（宫殿街）这里找到了这处特别的所在。它是一长段台阶，登上台阶顶端，可以一直看到卢瓦河和跨越河流的桥梁。

我和 Soyota 坐在台阶平台的长椅上，分吃了一包中国带来的西梅，静静地看了会儿风景，然后起身向布洛瓦告别。

布洛瓦皇家城堡内部，不可不看

国王大厅

这里陈列着曾经住过布洛瓦城堡的各位国王的画像和胸像。雕塑大厅中现在放着的作品，有些是复制品，原件全部集中在当年城堡的厨房了。

王后卧室

就是在这间卧室里，传奇王后凯瑟琳·德·美第奇（Catherine de Medicis）于 1589 年 1 月 5 日离开人世。房间里到处可以看到亨利二世和凯瑟琳·美第奇的名字交织的字母，由一个 H（指亨利）和两个 C（指凯瑟琳）交织组成。

凯瑟琳·美第奇出生于意大利佛罗伦萨，美第奇家族在当地的统治已经绵延数百年。这位未来的法国王后身世极为显赫，父亲是意大利半岛的统治者，母亲是法国公主，叔叔是教皇。14 岁那年，她就在教皇叔叔以及法国国王弗朗索瓦一世的安排下，嫁给了弗朗索瓦的儿子亨利二世。

新婚生活并不愉快，结婚后 10 年凯瑟琳都没有生育，以至于传出了他们将会离婚的消息。不过，其后她一口气生了 9 个孩子，其中有 3 个都当上了国王。

围绕着这位王后，有无数波澜起伏的政治纷争以及值得八卦的女人战争：她是成功驱逐了丈夫情妇的原配，是两任法国国王的摄政"太后"，是引发细腰时尚风潮导致不少贵妇饿死的时尚偶像，是艺术家和诗人的庇护者……

凯瑟琳王后的卧室旁是她的祈祷室，这里还陈列着凯瑟琳·美第奇王后葬礼上的三折画

王后卧室旁边附带一个祈祷室。这是宗教与日常生活密切关联的典型示范。

据说凯瑟琳王后在亨利二世死后，每天在祈祷室怀念自己的丈夫。不过在我知道亨利二世与情妇们的各种旖旎故事，以及凯瑟琳好不容易将亨利最爱的戴安娜·普瓦捷夫人赶出舍农索城堡的故事之后，对此表示怀疑。

今天，在这个祈祷室里还可以看到凯瑟琳·美第奇葬礼上所使用的三折画，而彩绘玻璃则创作于 19 世纪。

国王套房
这里今天依然是亨利三世时代的模样。

亨利三世是凯瑟琳·美第奇王后的第三个儿子，也是她三个国王儿子中最后一个登基、并且逐步摆脱了她的摄政的一位。

或许因为母亲的强势，所以亨利三世当上国王之后，一直很强调自己的权威。比如，他规定这间卧室只有他本人才能进入，他的彪悍母亲和自己的王后都被禁止进来。而且，他也改变了以往在国王和贵族之间那种不拘礼节的随和关系，建立起君王的绝对权威。不过，他的这种激进做法不大得人心啊。母亲凯瑟琳王太后去世后不久，他也遇刺身亡了。

这个房间还曾经发生过著名的吉斯公爵遇刺事件。

吉斯公爵弗朗索瓦是当时一位权势极大的贵族，他的家族甚至一度把持了朝政。这位公爵虽然脸上有道疤，不过举止风流倜傥，深受巴黎市民欢迎。他对王位很有觊觎之心，凯瑟琳·美第奇和她的儿子们对这位吉斯公爵可谓恨之入骨。

凯瑟琳王太后一直认为暗杀是政治的必要手段，他的儿子也继承了这一想法。于是亨利三世组织了一次暗杀，就在自己的城堡里进行。他找来20名刺客包围了吉斯公爵，公爵跑着跑着就跑到了国王的卧室，最后在这里被杀掉了。

我一直很想知道，向来除了自己之外禁止任何人进入国王卧室的亨利三世，在这次血腥事件之后，还睡这个房间吗。

布洛瓦皇家城堡（Le Chateau Royal de Blois）

地址：Place du chateau, 41000 Blois

电话：0254903333

网址：www.chateaudeblois.fr

闭馆：12月25日、1月1日。其余时间每天开放。

门票：9.8欧元/成人。有中文导游手册。

交通：从Blois火车站步行五六分钟即可到达。

国王套房，保持着亨利三世时代的模样，他是亨利二世与凯瑟琳王后的第三个儿子

2. 舍农索堡：荣耀属于女人

卢瓦尔河谷的光辉岁月，属于一代又一代法国君王。从昂热到奥尔良，从图尔到索米尔，河谷与平原、林地之间矗立的一座座城堡，大多散发着雄性的彪悍气息，代表了权力与尊贵。国王们在城堡里"上朝"，闲暇时则在城堡外的森林里狩猎。

舍农索堡却是一个例外，它柔美、精致，充满了让人愉悦的浪漫色彩。作家福楼拜曾经赞美这里宁静的美景就仿佛"漂浮在水上云间"。这座又被称为"女人城堡"的宫殿，建于女人之手，见证过女人之间的战争，收藏过女人的泪水，也证明了女人的勇气与仁慈。

1559年一个看起来仿佛十分寻常的夏日，凯瑟琳·德·美第奇站在舍农索堡的塔楼窗前，望着戴安娜·德·普瓦捷离去的身影，不知道是否曾经长长地呼出一口气。也或许，以她的强悍性格，会在心里嗤道："时间终于证明了我的胜利，婊子。"

凯瑟琳一直用上面这个词来形容戴安娜·普瓦捷——她丈夫亨利二世一生挚爱的情人。对此她曾经解释说："这世上哪个深爱自己丈夫的女人会爱屋及乌地接纳一个婊子呢？虽然'婊子'不是我这样身份的人该用的词，但是除此之外我实在找不出更合适的词来称呼她。"

从这一天开始，凯瑟琳成为舍农索堡的第三位女主人，这场女人间的战争终于以时间证明了她的胜利。

凯瑟琳·美第奇与亨利二世的这段婚姻从一开始就是一场悲剧性的"三人行"。

亨利二世与戴安娜·普瓦捷之间的情缘，堪称法国版的"明宪宗与万贞儿"。亨利是著名君主弗朗索瓦一世的次子，在他还是个7岁的小男孩时，父亲弗朗索瓦一世与神圣罗马帝国皇帝查理五世为了争夺意大利的统治权，打起了帕维亚战争，结果不

城堡旁的树林

戴安娜花园

幸败北，被查理五世给俘虏了。为了换回被俘的国王，亨利和哥哥小弗朗索瓦只能作为质子被送到了西班牙。

　　临行前，美丽的家庭女教师戴安娜·普瓦捷给了小亨利最后一个告别的吻，这个吻让亨利一直难以忘怀。终其一生，他都爱着这个比自己大20岁的女人。

　　1533年，14岁的亨利刚刚达到成人年纪（当时法国男子的成年年龄为14岁），就在父亲的安排下娶了来自意大利名门的凯瑟琳·美第奇。年轻的小夫妻两人同岁，可小王子眼里只有34岁的新寡少妇戴安娜，丝毫不顾忌两人的年龄差距，也毫不在乎戴安娜曾经是自己父亲弗朗索瓦一世情妇的经历。

　　显然，亨利和凯瑟琳的夫妻生活并不愉快，少女王妃默默忍受着丈夫对那个"老女人"的迷恋。与此同时，戴安娜则高调出入王宫，以一种施舍性的同情对待凯瑟琳。

　　结婚十年无所出，法国国内开始传言，亨利和凯瑟琳总有一天要离婚。戴安娜又一次向凯瑟琳施舍了她的大度，她温柔地劝说亨利"偶尔离开"自己的床榻，去和王后"制造"一些合法的后代，以完成国王应尽的义务。这之后，凯瑟琳一口气生育了9个孩子（另有一说是10个），大约是把这个当作对戴安娜的示威性反击吧。

城堡全景

女人们的战争最终由时间分出了胜负。1559 年，亨利二世去世后，凯瑟琳立刻将戴安娜赶出了舍农索堡，自己住了进去。

不过离去并不能抹掉戴安娜·普瓦捷在这座城堡的印记，事实上正是她让舍农索堡成为今天这番模样。1547 年，当戴安娜从亨利二世那里获得舍农索堡的时候，城堡在第一任女主人博伊尔侯爵夫人的修建下，还仅仅拥有主塔楼。戴安娜完成了横跨谢尔河的带顶廊桥，让舍农索堡成为唯一一座带有桥梁的城堡。她还布置出了正式的花园，并在城堡旁边的农场开辟果园与葡萄园，广植果树，放养牲畜，无论是她的国王情人还是附近的乡民都能喝上舍农索堡自产的美酒。这个皮肤如牛奶般雪白、在亨利死时已经 60 岁却依然如 30 岁出头般美貌的女人，以她智慧的头脑和迷人的身影，造就了舍农索堡的传奇。

在凯瑟琳·美第奇之后，舍农索堡一次又一次在历任女主人手中辗转。亨利三世的遗孀露易丝曾在舍农索堡中苦苦等待自己那再也不会回来的丈夫；亨利四世的情人加布里埃尔·埃斯特蕾则在这儿生下了她和国王的二子一女；杜邦夫人把舍农索堡变成 18 世纪法国知识分子们的"客厅"，正是她在法国大革命的风潮中拯救了这座城堡；西蒙娜·梅尼耶在两次世界大战的时候，将舍农索堡的跨河长廊改成了战时医院，自己亲任护士长，并且英勇救助过第二次世界大战法国地下抵抗组织的成员……

舍农索堡的历史就这样由一任又一任女主人书写着。今天，人们甚至已经记不清弗朗索瓦一世曾在此小住，路易十四还亲自把自己的画像赠送给这座城堡，国王们不过是这里的配角，舍农索堡的一草一木一花一叶，每一块砖石仿佛都在宣告：荣耀属于女人。

图文实录：卢瓦尔河谷最精致的城堡

从图尔出发，火车行驶 27 分钟，就到达了舍农索站。十分迷你的小站，连个候车室都没有。一条道路穿过铁路。道路的这一头通往舍农索小镇，旅游问讯处、镇上餐厅等都在路的那头。至于路的这头，一直走下去就是舍农索堡，步行两三分钟即可到达。

舍农索堡的前身，属于当地的马尔克家族。

1513 年，当时的法国国王查理八世的财政大臣托马斯·博伊尔从马尔克家族手中买下了这块领地，打算建造自己的宅邸。

法国篇 05

　　托马斯和妻子卡特琳·布里克莱特拆除了原有的堡垒和磨坊，只留下了主楼，也就是今天舍农索堡的主体建筑——马尔克塔楼。博伊尔夫妇用自己喜欢的文艺复兴风格，对塔楼进行了改造。而这项工程的监工，就由博伊尔夫人卡特琳·布里克莱特亲自担任。

　　卡特琳以及后面的几任女主人造就了卢瓦尔河谷最精致、秀美的一座城堡。它并不以豪华、壮阔著称，而是玲珑精巧，更有着美轮美奂的园林与心旷神怡的河景。

　　离开城堡时，千万要记得去园林中信步逛逛。戴安娜·德·普瓦捷花园是典型的法式花园的模样——植物排列成图案的形状，而且修剪得整整齐齐、一丝不苟，体现了法国人心中的完美。

　　护城河边的小森林，则景致更美。当年法国王室、贵族们的城堡总是建在河边（具有攻防战略要塞的意义）或者是森林边。后者，就是为了便于狩猎——这可是君王、贵族、骑士们最爱的休闲娱乐活动。

　　离开城堡之前，最后一个要去参观的地方，就是农庄。

　　最初，农庄由戴安娜·德·普瓦捷夫人设立，这位精通经济的美人，让舍农索堡实现了自给自足。后来，凯瑟琳·美第奇王后接手了城堡，又进一步拓展了农庄，还

站在城堡二楼向外眺望

设立了花园和花房。

至今，农庄中还有几位农夫负责蓄养家禽、家畜，另有两位园艺师打理着这片花圃和暖房，他们每天为城堡各个房间里供应新鲜的插花，装点着这些美轮美奂的厅堂，也让整座城堡直到今天看起来依然生机勃勃。

农庄里值得一看的，还有数百年来王室与贵族们出行所乘坐的马车。如今，农庄的这间马车陈列室里，有着从17世纪到19世纪的各时期马车，碰到特定的节庆日，它们还可以正常行驶在舍农索乡间的道路上哦。等到汽车发明之后，农庄又加盖了车库，三辆老爷车就停放在这里。

城堡的小教堂

舍农索堡内，不可不看

一层前厅
建于1515年，是法国文艺复兴初期雕刻装饰艺术最精美的典范之一。屋顶有一系列尖顶拱肋，拱顶石错落有致，形成一组折线。

小教堂
法国大革命时期，城堡当时的主人杜邦夫人机智地将教堂用来堆放木材，掩盖了它的宗教色彩，从而挽救了这座小教堂。1944年，在第二次世界大战中，小教堂毁于一次轰炸中，现在我们可以看到的小教堂重建于1954年。彩绘玻璃是20世纪的彩绘玻璃大师马可斯·安格昂制作的。

戴安娜·普瓦捷的卧室
戴安娜是亨利三世挚爱一生的情人，也是城堡的第二任主人。她的卧室布置得颇为清雅，房间正中是灰蓝色的丝绒带盖床，墙面上也没有铺满令人眼花缭乱的墙纸，可见女主人着实品位不俗。

延伸阅读：忘年恋女主角——戴安娜·普瓦捷

戴安娜女士是16世纪时候法国出名的美人儿，据说她的皮肤像牛奶一样雪白，画家们为她画了不少肖像画，还以她的模样为蓝本画了不少女神像，让她出现在各种神话题材中。

本来她是作为家庭女教师来到宫廷的，当然，女教师与男主人之间常常会发生的故事在她和弗朗索瓦一世身上

戴安娜·普瓦捷的卧室

也发生了。不过，这位女教师比别人更彪悍的是，她还干脆与男主人的儿子、比自己小20岁的学生，也来了一段师生恋。他俩的关系让弗朗索瓦一世颇为尴尬，不过法国人不愧是浪漫的民族，对"爱"的接受程度惊人。国王对此居然没有太大的反应，以至于这段恋情顺利地发展下去了。

1547年，亨利二世登基的时候28岁，而这一年戴安娜已经48岁了。

让这段"忘年恋"一直持续到亨利生命结束的那一天的原因，不仅仅在于她是亨利的初恋、梦中女神，也因为她的确很会保养自己，几乎有着不老的容颜。

直到亨利二世去世之时，戴安娜已经60岁，不过传说她看上去还仿佛只有30岁出头，加上热爱运动，身材也保持得极为完美，难怪国王迷恋了她一辈子。

戴安娜去世的时候，终年66岁。法国人在2008年将她的骸骨挖掘了出来，经过高科技检测，发现她的头发中含有很高的黄金成分，因而判断她可能死于过量饮用黄金液。

据说，在当时的法国宫廷，黄金液被认为有保持年轻和治疗疾病的功效。炼金术士经常充当药剂师把氯化金和乙醚制成的药品当成治病良方，戴安娜很有可能就是被驻颜圣药所害。可谓成于美貌，死于爱美。

绿色办公室

与戴安娜·普瓦捷的卧室相连的是绿色办公室。亨利二世去世后,他的大儿子弗朗索瓦二世继承王位,王太后凯瑟琳·美第奇摄政。这里就成为凯瑟琳王太后的办公室,她在这儿统治着法兰西。房间里很多地方都保留着16世纪凯瑟琳时代的原貌,门边各有两个当时的意大利柜子,我们看到的就是原件。墙上还挂着意大利大画家丁托列托的《赛伯伊的女王》。

长廊

最初,是戴安娜·德·普瓦捷在谢尔河(卢瓦河的一条支流)上建造了一座带顶的五拱桥。凯瑟琳王太后成为城堡的主人之后,于1576年找来建筑师在桥上加盖了长廊。长廊长60米,宽6米,18扇窗户为它带来明亮的光线。地板则由白灰岩和黑板岩的方砖交错拼接而成,是非常典型的佛罗伦萨装饰风格。每当宫廷宴会在城堡举行的时候,长廊就成为美轮美奂的舞厅。

法国大革命的时候,风潮也曾波及舍农索城堡。长廊一度面临被拆毁的危险,不过当地的乡民却自发出来保护了它。这都源于当时的女主人杜邦夫人一直以来的好人缘和仁慈心,她有时甚至允许乡民们通过这座廊桥往返谢尔河两岸,所以当城堡和长廊岌岌可危的时候,乡民们站了出来,表示:"这是附近唯一可以让人越过谢尔河的桥!"

绿色办公室

横跨谢尔河的长廊

于是，长廊幸免于难。

杜邦夫人是一位富有的银行家妻子，长袖善舞、聪慧可人，她将舍农索变成当时法国知识分子的"客厅"，卢梭、伏尔泰、孟德斯鸠等赫赫有名的人物都曾经是沙龙的座上客。据说，杜邦夫人是大思想家卢梭仰慕的梦中女神。

而在第一次世界大战期间，城堡的主人梅尼耶家族（这个家族拥有舍农索城堡至今）出资将舍农索改造成医院，长廊就成为战时医院病房。1914—1918年间，这里救护过2254名伤兵。到了第二次世界大战，谢尔河成为一条分界线。河的右岸，城堡的入口，处于德占区。而长廊的南门则通往谢尔河的左岸——自由区。许多难民和地下抵抗组织的成员，就是通过这座长廊奔向了自由区。

厨房

舍农索堡最早是在谢尔河河床上的两个石墩之上建成的，而厨房就建在这两个石墩所构成的巨大底座之上。今天，我们在舍农索堡的厨房还可以看到铜质厨具，烤面包的烤炉，汲水的装置，挂满钩子、砧板与刀具的屠宰室。第一次世界大战期间，城堡曾经被改造成战时医院，而这间建于文艺复兴时期的厨房里则存放着当时最先进的医疗设备。

弗朗索瓦一世沙龙

沙龙里珍藏着文艺复兴时期最美的壁炉之一。壁炉台上有城堡的始建者托马斯·博伊尔侯爵写下的铭文："S'il vient a point, me souviendra"，意思是"如果我建成了（舍农索城堡），人们将永远记住我"。事实也正是如此。

弗朗索瓦一世沙龙

五位王后的卧室

这个得名是为了纪念凯瑟琳·美第奇的两个女儿和三位儿媳。女儿们分别是：玛戈王后（亨利四世的妻子，后来离婚）、伊丽莎白王后（西班牙国王菲利普二世的妻子）；儿媳们则是：玛丽·斯图阿特王后（大儿子弗朗索瓦二世的妻子）、伊丽莎白王后（来自奥地利，是二儿子查理九世的妻子）、露易丝·德·洛林王后（三儿子亨利三世的妻子）。

延伸阅读：悲剧主角——玛戈王后

玛戈王后，本名玛格丽特·德·瓦卢瓦，是亨利二世与凯瑟琳·美第奇的小女儿。她的哥哥查理九世给她取了这个小名——玛戈（Margot）。

玛戈是姐妹中长得最美的，可惜，她的婚姻不仅是一次彻头彻尾的政治联姻，当中还掺杂了死亡、鲜血、背叛和离异，是一出真正的悲剧。

众所周知，瓦卢瓦家族都是忠实的天主教教徒，而当时新教势力已经日渐增长，拥有不可忽视的政治实力。新教与旧教之间的矛盾日益激化，于是玛戈的哥哥查理九世在位的时候，就和凯瑟琳王太后策划着要让小妹妹嫁给新教胡格诺派的党魁——纳瓦拉国王亨利，以调和新旧教之间的矛盾，谋求和平协议。

经过艰难的、漫长的谈判，这桩婚姻还是缔结了。婚礼就在巴黎圣母院的前厅举行，由于新郎亨利拒绝进入任何天主教的弥撒堂，所以传说，当玛格丽特被问道是否愿意嫁给纳瓦拉国王亨利时，她没有回答，最后是她的兄弟亨利（后来的亨利三世，当时还未登基）按住她的头，强迫她点头同意。

为了参加这场婚礼，来自世界各地的无数胡格诺派新教徒都来到巴黎，结果狂热的旧教教徒试图刺杀新教加尔文者加斯帕尔·德·科利尼不成，转而与胡格诺派众人引起冲突，最后酿成了"圣巴托洛缪之夜"惨案，上千名前来参加婚礼的新教教徒被屠杀，以至于玛戈的婚礼在史书中被记载为"血腥婚礼"。

法国人后来根据大仲马的小说《玛戈王后》拍摄过一部电影，我的女神伊莎贝拉·阿佳妮饰演玛戈。

更加悲剧的是，"圣巴托洛缪之夜"惨案的背后，俨然有着玛戈的母亲凯瑟琳王太后的身影。凯瑟琳虽然没有直接策划这场惨案，但是她的推波助澜也是显而易见的。其原因，大概有希望迫使纳瓦拉国王亨利改信旧教的因素在里面。

可怜的玛戈夹在自己的家族和丈夫的家族之间。嫁鸡随鸡嫁狗随狗，尽管玛戈本人是虔诚的旧教教徒，不过她还是选择了支持丈夫，于是"圣巴托洛缪之夜"后，这对新婚小夫妻被拘禁起来，最后亨利（未来的亨利四世）被迫改宗旧教，然后两人被软禁在卢浮宫。

四年后，亨利从巴黎逃了出去，玛戈和丈夫分居了两年，感情逐渐疏远。加上两个人本来就信仰不同、观念对立，夫妻渐成路人。日后，两人即便团聚了也经常争吵，而且各自有各自的情人。最后，经过7年的漫长离婚谈判，两个本来就不应该走到一起的人终于解除了婚姻关系。

1589年，玛戈的三哥亨利三世遇刺身亡。此时，他的兄弟们也都已经去世，于是妹夫纳瓦拉国王亨利成为法兰西王位继承人，开创了波旁王朝的时代。

亨利四世登基后，虽然他已经改信旧教（当然，完全是被迫的），不过他颁布了"南特敕令"，宣布天主教为国教，同时给予新教徒充分的信仰自由，体现了在那个时代很难得的宗教宽容精神，结束了30多年的宗教对立状况。

他在经济上也颇有成绩，以他的名言"要使每个法国农民的锅里都有一只鸡"而流芳后世。所以后世也称亨利四世为"亨利大帝"、"贤王亨利"。

只可惜，亨利四世在政治上颇为清明，可对玛戈来说，却并非良人。1599年，在结婚27年之后，玛戈恢复单身，不过还是保留了王后的称号。前夫娶了玛丽·美第奇王后，生下了路易十三。离婚后的玛戈一度陷入贫困，负债累累，不过她后来还是跟前夫以及玛丽王后达成了和解，甚至还帮着养育他们的孩子。

有了前夫的资助之后，玛戈回到巴黎，做了不少慈善工作，还赞助贫穷的艺术家，策划各种宫廷活动。她去世的时候，无数热爱她的人们前去追悼，而这位瓦卢瓦王朝最后的小公主的离世，也代表了这个曾经在法国历史上极为鼎盛的王朝，从此彻底消亡了。

前文说过，亨利四世与妻子玛戈王后感情一直不怎么好，亨利登上法国王位之后，两人更是常年分居。

亨利经常与情人加布里埃尔·埃斯特蕾住在舍农索，而漂亮的玛戈当然也有不少情人。其中最出名的是约瑟夫·博尼法斯·德·拉莫尔。电影《玛戈王后》告诉我们，拉莫尔先生是新教教徒，玛戈与信仰新教的丈夫亨利四世矛盾重重，可她的情人拉莫尔却也是新教的人，这可真是……爱情的力量最伟大，真爱能够战胜宗教分歧啊！

可惜的是，拉莫尔最后还是被送上了断头台。作为女人，玛戈身世显赫，容颜绝美，却终于陷入悲剧。但或许正因如此，她在最终，成为传奇。

凯瑟琳·美第奇的卧室

丈夫亨利二世去世后，成为王太后的凯瑟琳赶走了刺在心中多年的情敌戴安娜，成为舍农索堡的第三任女主人，这里就是她的卧室。房间地板上的红色地砖都是当时

遇见欧洲，遇见童话

凯瑟琳·德·美第奇的卧室

的原物，这位传奇王后，摄政王太后当年就真的踩在这上面哦。

美第奇长廊

也就是一楼跨河长廊的顶上那层。现在，这儿陈列了很多珍贵的藏品，包括绘画、挂毯、家具、艺术品等，都是舍农索堡原有的家具和收藏。它们就像一本本书、一页页史料，让今天的人们能够更好地了解城堡不同时期的风貌，体验城堡历史上发生过的重大事件。

美第奇长廊

长廊还专门介绍了城堡的曾经6任女主人的生平，是她们令舍农索诞生，也是她们尽心尽力地守护者城堡，与它一起穿越时代的风雨。

加布里埃尔·埃斯特蕾的卧室

她是玛戈王后的前夫——亨利四世的情妇。亨利四世与玛戈王后感情不和,多年来一直分居。亨利四世与他的岳父亨利二世一样,都将舍农索送给了自己最心爱的情人。这个房间的一大看点是墙上挂着的三幅极为珍贵的挂毯,图案精美。

露易丝·德·洛林王后的卧室

露易丝王后的丈夫就是亨利三世,据说亨利三世遇刺之后,对王后说的最后一句话是:"去舍农索等我。"

悲恸欲绝的王后真的一直留在了舍农索,等待她其实再也回不来的丈夫。她一直寡居在城堡的三楼,直到离世。

露易丝将房间重新进行了改造,除了壁炉之外,天花板和墙面全部被漆成黑色。墙壁与天花板上的图案,也处处流露出服丧的悲哀:长羽毛(象征着劳苦),银色的泪珠,掘墓人的铲子,遗孀的束腰带,荆棘王冠,希腊字体的露易丝名字首字母和交错着的希腊字体 H(亨利三世)。

露易丝·德·洛林王后的卧室,完全是黑色

延伸阅读:舍农索堡大事时间表

1513 年 托马斯·博伊尔购得了中世纪的舍农索堡,他的妻子,卡特琳·布里克莱特以文艺复兴时期的风格重建了它。

1533 年 凯瑟琳·德·美第奇(1519—1589)与亨利二世(1519—1559)结婚。不久,舍农索堡被博伊尔卖给了王室。

1547 年 亨利二世登基,随即就将舍农索赠送给了戴安娜·德·普瓦捷。

1555 年 戴安娜正式取得舍农索堡及周围领地的所有权。

1559 年 亨利二世去世,凯瑟琳王后驱逐了戴安娜并继承了这座城堡。

1575 年 露易丝·洛林(1554—1601)嫁给了亨利三世,亨利三世是凯瑟琳的第三个儿子。亨利三世死后，露易丝就一直寡居在舍农索。

1730 年 杜邦夫人在舍农索堡开设了文学沙龙，当时法国知名的作家、思想家伏尔泰、卢梭、孟德斯鸠等人都是座上宾。

1789 年 由于杜邦夫人的良好人缘和仁慈名声，舍农索堡得以在法国大革命中幸存。

1863 年 当时的城堡主人普鲁兹夫人着手将舍农索堡恢复成戴安娜·普瓦捷时代的模样，她不惜借债来完成修复工程。

1913 年 巧克力制造大亨梅尼耶家族购下了这座城堡，至今为其所拥有。

1915 年 西蒙娜·梅尼耶将舍农索城堡廊桥改建成第一次世界大战的战时医院，自己亲任护士长。

1944 年 舍农索堡的礼拜堂在第二次世界大战的一次炸弹袭击中被毁，所幸城堡主体没有大损伤。战后得以修复完善。

农庄

舍农索城堡（Chateau de Chenonceau）

交通：从图尔出发，乘坐火车到 Chenonceau 火车站，用时约 27 分钟。出站步行 5 分钟就到城堡。

官网：http://www.chenonceau.com/vr_gb/histoire_visite07.php#vr

门票：9.8 欧元。租讲解器再加 5 欧元，有中文讲解，也有中文导游手册。

3. 克洛·吕斯："穿越者"达·芬奇的最后时光

　　1516年，列奥纳多·达·芬奇接到一份来自法国国王的邀请。如今，我们已不知道这份邀请究竟如何情真意切，但随之，64岁高龄的达·芬奇在爱徒弗朗西斯科·梅尔吉以及忠实的仆人巴蒂斯塔·德·维拉尼的陪伴下，骑着骡子翻越阿尔卑斯山，长途跋涉来到法国。

达·芬奇就逝世于这张床上

安格尔画的达·芬奇之死

城堡内的礼拜堂，壁画是由达·芬奇工作室所作

发出邀请的是刚刚登基不过一年的弗朗索瓦一世，年轻的国王从小热爱艺术，精力旺盛，野心勃勃，一心想让法国也能沐浴在文艺复兴的光辉之下，于是将自己的偶像达·芬奇请来法国，并且将其安置在自己童年时曾经居住过的克洛·吕斯城堡。弗朗索瓦一世以至高的礼遇对待这位意大利人，任命他为首席画家、国王的建筑师、工程师，并且给予他与王子同等的俸禄，一年700埃居，出资赞助他完成作品。而作为回报，弗朗索瓦所求的，只是能够每天聆听大师的话语，享受与偶像谈话的乐趣。

究竟22岁的少年国王与大师达·芬奇有没有谈过一段旷世的"忘年恋"呢？显然，八卦的法国人认为有。否则，又是什么驱使暮年的达·芬奇几经艰难来到异国，还带来了自己的三幅心爱作品（其中包括《蒙娜丽莎》），并且最后将异国作为自己的归宿地？

而这种对两人关系的种种臆想与"证据"，在克洛·吕斯城堡处处可以看到。

克洛·吕斯城堡与弗朗索瓦一世常年居住的昂布瓦兹城堡相距不过10分钟的步行路程，从达·芬奇的卧室窗户就能远眺昂布瓦兹城堡。事实上，达·芬奇真的时常站在窗前注视着弗朗索瓦的住所，还将眼前的这片风景画了下来。

而在城堡的地下，建有一条地道，直通昂布瓦兹城堡。国王和大师经常分

法国篇 05

达·芬奇的厨房

18 世纪沙龙，曾经是达·芬奇的画室

城堡的地道，是达·芬奇与弗朗索瓦一世约会的地方

别从各自的住所出发，然后相聚在地道的中央——这种"约会"的场所还真是颇有新意。

国王与他姐姐玛格丽特的热情款待、殷切关注，也确实让达·芬奇度过了人生中十分幸福的最后三年时光。他得以激情四溢、孜孜不倦地工作，不仅仅作为画家，还是工程师、建筑师和艺术策划人。他为弗朗索瓦一世绘制了罗莫朗坦市作为典范的城堡图纸，还曾规划将卢瓦尔河谷和里昂河谷用河渠连接起来，传说，香波堡的双螺旋楼梯也是他所设计的。

今天，我们走在城堡的各个角落都能感受到达·芬奇的智慧光芒。城堡的一楼，就陈列着由 IBM 公司根据他的设计图纸，利用 16 世纪可以找到的材料而复原出的 40 件模型，其中囊括了土木工程、军事、机械、光学、水利甚至航天等方面。在这里，我们能看到第一台坦克、第一辆汽车、转动式桥梁、桨叶船，以及飞行器、直升机、降落伞等。

这些模型中的 20 件，还出现在城堡的花园中。这个如今叫作"达·芬奇公园"的城堡花园，是我所见过的法国园林中最为梦幻的一个。它充满自然之美，将植物、湖泊、桥梁、小布景完美地结合在一起，达·芬奇自己也曾说过，这里让他想起故乡托斯卡纳的美景。

更甚者，穿行在公园中，还能完成

达·芬奇的人物画这样布置在公园里

法国篇 05

一次启蒙之旅。我们追随着达·芬奇的灵感，去欣赏他所崇尚的生命之美、建筑之美、宇宙之美。他令人难以置信的旺盛创作力和常人无法企及的惊人想象力，都让今天的世人惊叹，人们情不自禁地感慨：如果这世界上真的有所谓穿越者，达·芬奇或许就是从近代穿越而去的吧？

1519年5月2日，达·芬奇与世长辞。据记载，临终前他曾沉痛忏悔，哀哀哭泣，说自己还未能为艺术做出应有的贡献。在法国的各种版本野史中，都记载了弗朗索瓦一世陪伴达·芬奇走过了他生命最后的时刻，这位伟大的艺术家就死在国王的怀中。无数浪漫的法国画家都曾描绘过这一场景，如今，在克洛·吕斯城堡达·芬奇卧室的墙壁上，就能看到安格尔所绘的画面。

"我以为我在学习如何生，但其实我是在学习如何死。"城堡的过道墙壁上挂着他写下的许多箴言。或许很少人知道，他还是一位哲人。于是我在城堡的商店中买下了一本《达·芬奇沉思录》，期待能从中窥得一点大师的光辉。

时光最无情，那些一度一呼百应的帝王们，曾经拥有的辉煌、容光、权势，都会在时间的长河里湮灭成灰，相反，艺术家、文人、思想家的名号却总能万古长存，他们将自己的灵魂交付世间，从而打动了一代又一代人。

231

"无人将化为虚无",这是达·芬奇写下的最后一句话。而他,在人类历史上所画下的浓墨重彩的一笔,也真的从来不是虚无。

图文实录:处处沐浴着达·芬奇光环的克洛·吕斯

克洛·吕斯城堡最初始建于12世纪,1471年的时候重新在原来城堡的基础上进行了修建。

整个城堡围绕着一幢八角塔楼而建,塔楼内有螺旋楼梯,左右两翼呈直角展开的是两幢二层楼的建筑。总的来说,城堡建筑本身的规模并不算大,不过风光十分明媚,矗立在卢瓦河的一条小支流艾玛丝河边。1490年,路易八世为自己购置了这座精致的小城堡,在随后的200多年里,这里一直是法国王室休闲避暑的夏宫。

说到克洛·吕斯城堡,不能不提到著名的弗朗索瓦一世。

弗朗索瓦幼年丧父,他和姐姐从小就是在克洛·吕斯城堡由自己的母亲露易丝·萨伏瓦抚养长大的。据说弗朗索瓦极为尊敬自己的妈妈,不管什么时候,他都是跪着和母亲说话的。

这位法国历史上最为著名也是最受爱戴的国王之一,严格来说,并不姓瓦卢瓦,而是来自瓦卢瓦王朝的旁系昂古拉姆家族。他是上一任法国国王路易十二的女婿,由于路易十二没有儿子,而法国的王位继承制度又严格排斥女性,因此路易十二逝世后,王位就传给了他。因此,由他开始的后面数代法国国王,也称作"昂古拉姆王朝"(不过总体还算是瓦卢瓦王朝啦!)。

不过,今天克洛·吕斯城堡的出名,并不因这位"开明的君主、多情的男子和文艺的庇护者",而是因为它是达·芬奇度过人生最后三年时光的住所。

参观的路线并不从城堡大门开始,而是从卫士与仆从的出入口开始。所以,我们穿过这条长廊之后,第一个到达的就是达·芬奇的卧室,这也是克洛·吕斯城堡内部最重要的一个房间。达·芬奇的卧室很可能就是弗朗索瓦一世少年时候所住的地方。卧室的布置完全还原着大师当年居住时候的模样。就是在这里,他走过了生命的最后三年。

1519年4月23日,达·芬奇预感到自己即将走到生命尽头,他坦然接受自己的命运,"死亡将是必然,只是不知丧钟何时敲响。"

法国篇 05

达·芬奇发明的"直升飞机"模型

于是,他在这里写下遗嘱,将自己的手稿、素描和草图留给了爱徒弗朗西斯科·梅尔吉。

半个多月后,5月2日,达·芬奇就在这间卧室与世长辞,享年67岁。他接受了临终的圣事,将自己的灵魂交给天主。传说中,最后他是死在弗朗索瓦一世的怀中。床边的这幅画就描述了这一场景,是大画家安格尔的作品。

除了大师的卧室之外,这座小巧的城堡中另一大看点就是半地下室中展示的达·芬奇发明了。在这儿,你将发现另一个达·芬奇,作为天才工程师的达·芬奇。

这里的四间陈列室内,满是达·芬奇的创造发明。这些当时仅仅存在于他笔下的机器,很多直到5个世纪后才被发明出来。达·芬奇这些超越了时代与当时科技水平的设想,并不都能够真的应用到实际中去,但其中的原理和透露出的思维方式,绝对是不可思议的。

IBM公司后来根据他画的草图,利用当时能够找到的原材料,复原了40件机械模型。

他的发明涵盖了军事、建筑、桥梁、飞行器、城市规划等众多领域,在这儿可以看到根据达·芬奇的草图手稿所复原出来的世界上第一台坦克、第一辆汽车、第一个降落伞、第一架直升飞机……

最令人难忘的,是城堡旁边梦幻般的"达·芬奇公园",这也是我最爱的法国园林。

这里,有着一座独一无二的植物园中,种植着各种植物和幼苗,它们都是达·芬奇的素描、草图和绘画中出现过的花卉、草木。

植物园中完整地保留了卢瓦尔河谷沼泽湿地特有的生态系统,其植物种群和鸟类都非常有代表性,完全"本地化",完全重现了16世纪至今的卢瓦尔河谷湿地动植物生活的自然环境。

游人们可以像500年前的达·芬奇一样,在林荫中漫步,感受大自然的清新。这片沼泽还可以连通城堡外的河流,所以偶尔沼泽中还有激流涌起的旋涡,清晨与黄昏时,水面上升起微微的雾霭。

在三棵高大的梧桐树下,可以认识到达·芬奇作为解剖学家的一面。

让我们来上一堂生物学的课程吧!

为求绘画形象逼真,达·芬奇曾悉心研究人体与动物解剖学。无论是对血管、肌肉还是内部器官,对老年人还是青年人的身体,他都充满兴趣。他的画作不仅严格遵守了传统的人体比例原理(正如代表作《维特鲁威人》),大师还常常观察模特们的动作,

达·芬奇公园

想象他们的内心活动，这样才能更好地表现人物的运动、力量和灵魂。

园中的两个满月形状的装置，喷绘的就是达·芬奇所画的解剖素描图。题材似乎有些惊悚，但出来的效果却非常梦幻，是公园中最适宜与之合影的装置。

走上白杨大道，这里则能够展现达·芬奇作为建筑师的一面。

这条由白杨树组成的林荫大道上，游人们可以和达·芬奇一起设计一座理想的城垣。

出身乡村的达·芬奇，生活在经济繁荣发展、政治日益分化的意大利。那时，每位城邦的王子都在大兴土木，修建自己的城池。在这条大道上，我们可以看到大师在1485年为吕多维克·德·莫尔（Ludovic le More）设计的米兰城。米兰当时经常受到鼠疫的危害，达·芬奇设计的这座城垣具有齐全的功能，整座城市以及城中的各类建筑物简直就像组成了一个活生生的生命体一样。

他理想中的城市建筑，应该以拱廊式的两层楼房为主，工坊和商铺设在下层，上层则是市民住宅、达官贵人的宫殿和花园。街道则涵盖了水渠、道路和下水道的功能。

而在林木之间，则悬挂着若隐若现的绘画作品。这些装置被称为"面容的光彩"，

这里展示了达·芬奇对解剖学的成就

展现达·芬奇作为绘画天才的一面。

"画家与大自然角逐,与大自然匹敌。"

达·芬奇对自然的观察极为入微,而对他来说,一切影像都源自光。"晨曦方兴时,空气中已充满无数画面,眼睛则是吸引画面的磁石。"所以他始终在追逐光线,欣赏其美,在心目中,将光线所勾勒出的画面予以定格。

所以,参观过达·芬奇的花园之后,我会以全新的视角来欣赏大师作品的细节。

譬如再看《蒙娜丽莎》,或是《岩间圣母》,就可以清晰地感受到画面上光线和空气的颤抖,每一个笔触,都能感受到达·芬奇对生命的敬礼,和不断探索生命真谛的

这里展示了他的建筑成就

勇气。

而对人物的描绘方面,达·芬奇发明了"晕涂法",这使他的肖像作品中的人物充满了神秘感。

他虽然是天才的工程师、科学家、建筑师,不过最终,艺术才是他的最爱。为此他说过:"艺术胜于科技,而绘画又胜于其他艺术。因为绘画作品可以跨越年代与时空,与后人交流。"

事实上,在达·芬奇公园,我真的与他的绘画作品,进行了一次灵魂交流。

礼拜堂中比较特别的是有一本这样的植物图册

达·芬奇发明的炮

降落伞

克洛·吕斯城堡（Clos Luce）

开放时间：9月至10月9：00—19：00（其他季节的开放时间，请随时查询城堡的网站）

门票：14欧元（有中文导游手册）

地址：2 Rue du Clos Luce, 37400 Amboise

网址：http://www.vinci-closluce.com/（网站有中文页面）

无心私家攻略：

对于前往卢瓦尔河谷城堡群自由行的旅人们，无心有一些私人建议。

1. 如果你打算在卢瓦尔河谷逗留至少一晚，那么图尔是比较方便的大本营，可以选择住在这里。

2. 如果想避开中国旅行团，那么记得先掌握中国旅行团的规律：通常清晨从巴黎出发，上午到达香波堡，午餐后参观舍农索堡，下午 4 点左右到达昂布瓦兹。因此，你只要避免在上述时间段到上述城堡，就可以了。比如我们就是上午去舍农索堡，中午到达昂布瓦兹，于是一个旅行团都没遇上。

说完前面两点，就要来重点讲讲交通了。

通常来说，火车旅行在卢瓦尔河谷还是很方便的，大多数城堡都建立在某个小城，火车基本上都可以到达。

不过，我们从舍农索前往昂布瓦兹，还是放弃了火车，而乘坐公车。原因在于我在做攻略的时候，看到一位网友写过：坐 C 线公车而不是火车的优点是，在 amboise-theatre 站下车，走到昂布瓦兹城堡很近；而坐火车的话，Amboise 火车站在河对岸，距离较远，步行至少需要 15～20 分钟。

本来我们就打算返程的时候，从昂布瓦兹乘坐火车站回图尔，那么去程就没必要再走这 20 分钟的同一条路了。所以，我们顺着舍农索堡门前的大路直走，穿过舍农索火车站继续走。公车站就在舍农索小镇旅游问讯处（Office de Tourisme）对面。

公车信息如下：

filvert 大巴，C 线车

官网：http://www.tourainefilvert.com/

查询 C 线时刻表：

http://www.tourainefilvert.com/horaires_ligne/index.asp?rub_code=6&lign_id=26&sens=1&date=27%2F09%2F2014&heure=7&minute=0

注意！公车在不同的季节，时刻表是不同的，查询的时候要选择你乘坐的日子哦。

票价：1.8 欧元（比火车票也更便宜）

🍂 住在卢瓦尔河谷

  图尔是卢瓦尔河谷城堡之旅很合适的住宿点，几乎所有的城堡距离图尔都不过是火车车程二三十分钟而已。同时，图尔是该地区最大的城市，不仅交通方便，而且住宿、餐饮的选择也很多。

Hotel Vendome（旺多姆酒店）

这间酒店是在 agota 上预订的，booking 上也有。

从图尔火车站步行到酒店约 10 分钟，位于一条与主干道交叉的马路上，非常安静。

酒店主人是一对老夫妇，对他们的酒店充满自豪之情。的确，这里布置得相当有特色。也不是多豪华，家具也没有多么厚重，但是每个房间都各有风格，看上去很是花了一些心思。

我们住的顶楼房间很大，每晚 65 欧元。房价仅供参考，在不同的时间段房价会有上下浮动。

地址：24 Rue Roger Salengro, 37000 Tours

电话：+33247643354

昂布瓦兹小镇

法国篇 05

巴黎：荣光、童话与梦想之地

　　2002年的初秋，我收拾了行囊，将一本《带一本书去巴黎》塞进了自己沉重的箱子，然后，带着它们飞往法国。

　　一去，就是数年。

　　后来我写过一个几万字的连载——《巴黎日记》，记述了自己的法国生活。那是我已经不那么青春的岁月，但是依然充满了悸动。巴黎就是我的一本日记，满满的都是欢乐、泪水、喜悦与伤感。

　　这是欧洲大陆我最爱的城市，它无比丰盛。

　　巴尔扎克曾说过："世界何尝不是一座剧院？"这句话用来形容巴黎，也正合适。

　　它华美、奢侈、精致，有时却又虚荣得让人厌倦。它是一座不可思议的舞台，在人类群星闪耀之时，几乎所有闪闪发光的名字都曾经登上过这座舞台。

　　对于我来说，巴黎称得上是家，是我的城市。

　　而对旅人来说，巴黎是荣光、梦想之地。它比普通的童话更加庞大、精美、华丽，乃至于有一种心理病症叫作"巴黎症候群"，说的是对很多日本人来说，巴黎意味着一个人生中最美好浪漫的梦。而当他们真正踏足这座城市之后，有些人发现它并非自己想象中那么闪闪发光、完美无瑕，心理落差带来了难以排解的抑郁，那是童话之梦破灭之后无法接受的心态。

　　听上去有些不可思议吧？其实，谁说童话就没有阴影？而能够让人一念天堂、一念地狱，甚至为此发明出一个专有心理词汇的，唯有巴黎。

　　最常见的巴黎经典——圣母院、卢浮宫、塞纳河、凡尔赛宫……在这本书里就不多说。我想与你们分享的，是属于无心的"秘密巴黎"。请跟随我而来，去看看那个与童话有关的巴黎。

巴黎凯旋门

1. 迪士尼，在童话中头晕目眩

我的朋友 Snowdonia 曾经说过：只有童话最煽情。

迪士尼就是这样一个顶顶煽情的童话梦，它已经做了太久，久到几乎模糊了时间。当某个夏天，这个梦境真实地展开在面前时，我想起多年以前的自己，那个怀中抱着米老鼠的少女，被电视里唐老鸭逗得笑不起身的样子。

迪士尼是世界上最大、最成功的主题公园。

欧洲的迪士尼乐园于1992年4月12日开幕，位于法国巴黎以东32公里，面积达5000英亩。虽然远比美国的两家要小，但却玲珑精致、花样俱全。整个园区由五大部分组成，分别以美国风情、冒险、探索、奇趣等为主题。

一出地铁，随着人群转一个弯，就已经站在乐园门口，抬头是大大的标牌：DISNEYLAND PARC。好像宣布了什么，然后，就如同童话中的主人公，推开密室的大门，忽然之间，梦幻就扑面而来。

美国大街上满是旧日西部牛仔时代的小镇风光，令人有如进入时光隧道。石子路上马车嗒嗒地经过，老式轿车叭叭的喇叭声震天。穿了圆点蝴蝶袖连衣裙的米妮正在某个角落微笑着招手，等待与她合影的游人已经排了长长的队伍。一时间我有点不知所措，自己究竟是在21世纪的巴黎，还是100年前的美国。眼前的一切是现实，又或者是某个色彩鲜艳的梦境。

到迪士尼首先当然是玩过山车，这也是排队等候时间最长的游乐项目。除了美国大街以外，每个园区都有至少一个独具特色的过山车项目。Frontierland 里的矿山车，不断在阳光与黑暗的矿道中交错穿行，头顶是闪着幽幽荧光的矿石，轨道外就是波光浩渺的湖泊，仿佛一不留神就会被甩出去。Discoverland 里的太空旅行，行星与陨石

遇见欧洲，遇见童话

法国篇 05

从耳旁一一掠过，向着宇宙最深处飞速前行，脑袋在护垫上撞得生疼，体验失重的感觉。还有 Adventureland 里印第安纳·琼斯的探险，不仅仅是坐在影院中看那个迷人的历史学博士寻宝冒险。我们要在热带雨林中跋涉，路过抛锚的吉普车和破破烂烂的帐篷，然后坐上小小过山车，在正午的太阳下腾空而起。旋转俯冲，耳朵里灌满呼呼的风声和身后暑期出游的英国女中学生的尖叫。在最惊险的一段照例有强力闪光灯亮起，然后等你下了车，脚步不稳地走去出口，就可以在一排电视机前找到自己惊吓过度的面孔。

小小的忠告是，千万不要连着玩这些过山车，否则即使是前面正走来笑眯眯的米老鼠或美丽的白雪公主，恐怕也无力挤上去合影，只能头晕目眩、眼冒金星地徒呼奈何。

整个迪士尼园区，我最喜欢的是 360 度银幕电影，跟随那个可以穿越时间的小机器人，飞行在雪山之上，峡谷之间。看到 1900 年正举行世界博览会的巴黎，在银幕上一眼就能认出玻璃天顶的大皇宫，还有皇宫草坪上穿礼服的白胡子老人。他对着镜头绅士地鞠躬，自我介绍说："我的名字，是凡尔纳。"

这个充满想象力的作家，是不是真的曾经跟随机器人窥看过未来？当飞行器从昨天一直前进到未来，掠过距离今天 200 年后的巴黎，夜晚如同梦境一样光辉灿烂，城

245

市巨大而辉煌。观众仰头叹息，发出止不住的惊叹。

迪士尼里最快乐的永远是孩子，拉着大人的手，笑得疯疯癫癫，永远不知道疲倦。遇到扮作高飞狗狗或者三只小猪的工作人员，就会统统涌过去，开心地大呼小叫。Fantacyland 是最适合小孩子的地方，小精灵住的风车屋，粉红粉紫的洋葱头城堡，水花跳跃的迷宫，还有团团转的花碗，小飞象在天空转圈。

但迪士尼绝非只属于孩子。在这里可以彻底放松，忘记自己来自何处，又将去向哪里。在成人以后，可以做一日单纯的孩子，不理工作、事业、家庭的种种困扰。重新回到小公主的那刻，面色粉红，笑容明亮。这未尝不是一件太过幸福的事情。

坐旋转木马，于我来说，就是这样一份私人的快乐。小时候家里附近的复兴公园，法式园林当中就有这样一座木马。外祖父曾经抱着我一再坐过，小女孩时期的记忆一直鲜明到今天。迪士尼的旋转木马可以看见粉红的灰姑娘城堡，再转一个圈，那边是团团旋转的彩色花碗。音乐声里灯光明亮，手中的DV镜头里世界旋转一遍又一遍，还有我玫瑰色的流苏丝巾。或许再过一分钟，木马就可以腾空飞起，像玛丽·波平斯阿姨那样渐渐在天空中化为星辰消失不见，这是最华丽的告别。

在"小世界"(small world) 前排队的时候，游船码头旁边的长椅上坐了一家三口。小女孩全身米妮的打扮，红白圆点裙，白色袜子黑色小皮鞋，头上是一对圆耳朵的头饰。她端庄地坐在那里，仪态俨然。左右两旁坐的是老奶奶和母亲，她们头上也都戴上了米老鼠耳朵，三个人一起咬着三明治喝汽水，是这一日里所见到的最温情的场景。许多排队的游客都拍下这个画面，让这个温暖的下午永远定格在自己的记忆中。

会飞的少年彼得潘在我耳朵旁边吹了一口气，说，来，我们去坐飞船，到那个不知名的地方，never，nerverland。飞船行在城市上空，下面是星辰一样的灯光，如同散落一地的碎钻。车辆在道路上驶过，是现实的、平凡的世界。而 Neverland，在那里我们永不长大。

又或者去海盗的藏宝地，在黑暗的水道中顺流而下，看那些白骨拥抱着珠宝，还有小镇里海盗们的庆祝狂欢。音乐不断，美酒不竭。然后转去小商店里戴上黑头巾和眼罩，手持一把弯刀拍照留念。

还可以到罗宾汉的森林，树屋就在那最高最大的树上。我顺着楼梯团团转着向上，一层又一层。看见他们的餐桌，上面是刚出炉的面包。小小书房中有一架风琴，卧室四面都是风景，还有挂上吊床的瞭望室。

我也要学习射箭，在呼啸声中穿林而过。骑着马挥舞长剑，然后大碗喝酒大口吃肉。

法国篇 **05**

又或者做布裙长卷发的美丽玛丽安，对着那个英俊的带着坏坏笑容的强盗微微翘起嘴角，任是他百步穿杨也不由地轻微手抖，差之毫厘已经失之千里。

但其实最后，我只能在夕阳里随着人群走下，回头间已百年。

如果长大后的彼得潘有一张电影《Finding neverland》里 Johnny Depp 那样英俊完美的脸，还有兼具男孩之敏感与成人之温柔的气质，也许我也会义无反顾地说，好，让我们一起去学习飞。

夏日的夜晚9点钟，巴黎的太阳还未完全落下。我在人工湖上乘坐游船，站在第三层的甲板上，有风吹过脸颊。旁边的矿山上，车辆隆隆而过，仍然依稀可以听见惊叫的声音。远处是城堡，最高最美丽的城堡，它的粉红色在暮色里有点模糊，背着光就似一幅剪影。

离开的心情或许会惆怅，但走出Disneyland 绝不是告别。前面有 Disney Village 可以吃饭购物通宵狂欢，旁边还有灯光里显得很安静的 Studio，如果在园内的宾馆住上一晚，明天就还可以去那里看印第安人的骑马大游行。

只要有童心，那么故事永远不会结束。

巴黎迪士尼乐园（Disneyland）

门票：一天一园门票为成人65欧元，3～11岁儿童59欧元；一天两园（即 Disneyland 和 Studio）门票为成人80欧元（冬季可免费带一位3～11岁儿童），3～11岁儿童47欧元；

247

提前 5 天以上订票可获得优惠价。

开放时间：8：00—20：00，周六和周日延长至 22：00，冬季 10：00 开放。

网址：http://www.disneylandparis.com

无心私家攻略：

1. 交通：前往迪士尼乐园，有以下几种交通方式。

第一种：乘坐 RER 的 A4 线，终点站就是迪士尼乐园（Marne-la-Vallée / Chessy-Disneyland），单程票价约 7.5 欧元。如果是从巴黎市中心的里昂车站（Gare de Lyon）上车，大约需要 40 分钟可以到达。在巴黎的地铁车站中均可买到迪士尼套票，包括来回的车费以及公园的门票，比单买可便宜 5 欧元左右。

第二种：搭乘戴高乐和奥利机场大巴可直达迪士尼乐园。

第三种：乘坐火车的话，到 Marne-la-Vallée / Chessy-Disneyland TGV 车站下车。

2. 游玩：一天时间游玩主题公园基本上够了，有时候周日还有大游行。但如果还想玩旁边的 Studio（附属乐园）的话，巴黎以外的游客可以在旁边的旅馆住上一晚，第二天继续游玩。住宿费用 50~250 欧元不等，可自由选择星级。

3. 饮食：公园内有各种风味的餐厅，大多为美式快餐，也有个别档次较高的法国餐厅。

4. 购物：每个游玩项目的出口处都有一个小商店，出售相关主题的服饰和面具等。另外，还有大量的纪念品商店集中在大门附近的美国大街上面，游客可以各取所需。

2. 蓝布依堡的下午

某一个春天的下午。空气温暖，阳光晴好，适合郊游以及昏睡的下午，你会如何消磨？

我的答案是，邀三两好友，换上轻薄的红衣和牛仔外套。然后摊开大张的法兰西岛地图，手指从北画到南，寻找一个美丽的城堡。

蓝布依堡。

如同每一座人口众多、占地广阔的大都市，巴黎与北京、上海的结构也很类似。我们这儿的，叫作一环、二环、三环或是内环、中环、外环，而巴黎则是一圈、二圈、三圈……

通常我们所说的巴黎，指的是二圈以内的小巴黎。埃菲尔铁塔、凯旋门，或是卢浮宫，那些著名的景点大多云集在此。但若是想看森林、湖泊、城堡或者恢宏的宫殿，那就必须离得远一点，乘上区内火车或是 RER，穿过近郊的市镇，走出小巴黎，去到大巴黎所在的法兰西岛。

事实上，你其至不需要跑去卢瓦尔河谷，足不出大巴黎，就能欣赏好几座或恢宏壮观或精致华丽的城堡。

蓝布依堡就是这样一个所在，位于第六个圈（大约类似于北京的六环）。从蒙帕那斯火车站出发，直达列车只需半小时，就可以看到与巴黎市中心完全不同的风貌人物。

这个安静的小镇，名字就叫蓝布依（Rambouillet）。出了火车站，左拐，穿过阳光下的街道、面包店和蓝色木头桌椅的咖啡馆。那一座旋转木马旁边的，就是城堡入口。

蓝布依堡始建于 1375 年，然后在我们都知道的那位弗朗索瓦一世的命令下，得

花与城堡

到扩建。穷其一生，这位法兰西历史上最伟大的国王之一，都跟城堡有着不解之缘。从卢瓦尔河谷的香波堡、昂布瓦兹城堡、舍农索堡、克洛·吕斯城堡，再到巴黎的蓝布依堡，这位容貌有点古怪的国王，都留下了深深的痕迹。

如今，城堡中最古老的部分——14世纪的圆塔，正是以他的名字命名。而底楼的大理石跳舞大厅中，也放着他的胸像，这是我在整座城堡中看到的唯一的国王雕像。

4月的下午，城堡入口的铁门大敞着。从1897年开始，蓝布依堡成为法国总统的夏宫，而每年5月以前的时分，它就会对大众开放，是属于每一个人的公众花园。

进门就可以看见远处的湖泊，在阳光下如撒了一地的银。湖边是一片小树林，下面是灌木丛，春天的下午里，散发着草木的清香。沿着湖走过去，穿过草坪和小花园，站在喷泉旁，那一边便是淡黄墙壁的城堡。这是我所见过最小巧可爱的城堡，远看仿佛粉色，精致得不似真实。

如同每一座皇家的宫殿，即使城堡本身并不太大，也会有看不见尽头的美丽园林。站在蓝布依堡正面，花坛盆景的对面，白色栏杆下是平静的河流。再远一点，是草坪、雕塑、喷泉和大片的树林。

法国篇 **05**

　　1706 年，路易十四的私生子图卢兹伯爵（Count of Toulouse）重建了蓝布依堡，以后历代的法国国王都喜欢常常光顾这座幽静可爱的皇家城堡。路易十六在此繁殖著名的蓝布依绵羊，这一名种绵羊以耐热、耐干旱、毛质优良而闻名。这位后来在法国大革命中掉了脑袋的悲剧国王还曾经在此兴建农场，当作玛丽·安托奈特王后的游乐场。

　　如今这些昔日的王公贵族渐渐湮灭，可建筑与园林却恒久存留下来，成为过往岁月的一点见证。

　　我们从弗朗索瓦一世塔楼旁的大门进入城堡。作为法兰西共和国总统的夏宫，在总统不在的季节，城堡内部也都免费开放以供参观。虽然规矩很多，进门必须经过安检，查看随身的包袋，并且禁止一切摄影摄像，但这样的机会毕竟难得，还可以选择法文或者英文版本的精美介绍。

　　其实如果看过凡尔赛宫，那么蓝布依堡的内部陈设就显得简单朴素得多。毕竟这里并不是正式的王宫，不过是一个度假地。但也正因为此，城堡内保留了更多的中世纪风貌。古老的门窗，已经有些陈旧剥落的雕花，还有颜色渐显黯淡的华丽壁纸，都让人感受到历史的力量与痕迹。

　　走廊尽头有一个小偏厅，色调布置都淡雅大方，这里正是那位在法国大革命中被砍了头的玛丽·安托奈特王后的私人客厅。欧洲的王宫中，往往为女眷特别设置了会客室。那些贵妇名媛聚集在此，谈论最新的时髦衣饰、上流社会的传闻逸事，偶尔朗读诗书。所谓的风雅生活，日子就这样流淌过去。

　　小偏厅旁边，一扇相当隐秘的门后面，穿过狭窄的走道，可以通到城堡的另一侧。转一个弯，走廊的旁边是一间小浴室。房间没有门，甚至没有墙壁。我不知道是本来就如此设计的，还是为了参观方便而拆除了部分。就这样暴露在走廊另一边的大玻璃窗下面，阳光倒是相当充足。想起刚刚穿过的那条有些秘密色彩的走道，或许这正是一间看得见风景的浴室。

　　浴室里贴了绿色底金色花纹的壁纸，颜色

花园中的狄安娜

251

遇见欧洲，遇见童话

湖

湖边恋人

已有点灰。墙壁那边是一只极小极简单的浴盆，完全不是想象中奢侈华丽的模样。房间中仅仅在墙上贴了简单的标识牌——浴室。除此之外，别无任何说明。再看一眼那个浴盆，尺寸之小恐怕仅能适用于稚龄幼儿。整个房间让人完全摸不着头脑，奇怪而又有趣。

我喜欢通往底楼的部分，墙上裸露出建筑石块的痕迹，如同走去地下酒窖的感觉。走下光线昏暗的台阶，转一个弯，继续下台阶。然后忽然豁然开朗，一边是宽敞的餐厅，另一边是全部由大理石装饰的舞厅。虽然其装饰与布置远不如卢浮宫中的拿破仑三世套房那样金碧辉煌，但清爽的白色桌椅却更透出几分淡然夏意。

现任总统的套房和办公室都不在开放参观之列。事实上，城堡内部远远不如室外的庭院河流吸引人。迫不及待地又回到阳光下，在河边青草地里舒服地坐下，有天鹅和野鸭见人便围聚游来，也不怕生，倒似在要食物。就这样仰面躺下，草扎得耳朵微痒，头顶上是蓝得纯粹的天空，一切都美好得如同时间可以就此静止。

因为这份美丽，蓝布依成为市镇所有人的花园。恋人在河边亲昵低语，年轻的父母推着童车在这里散步。我在小树林边看到一个刚刚学步的孩童，仰起小小脑袋定定地看我，笑起来的样子趣致滑稽。

于是也微笑着用法语对他说：你好。

然后挥手道别。走了几步却听到身后的哭声，他皱起了整张小脸望着我，眼神可怜无辜似小狗，顿时心疼。对那小孩子飞吻说再见，看他又笑起来的眉眼，然后快活地走进巴黎四月的春光里。

蓝布依城堡（Château of Rambouillet）
也译作朗布依埃城堡。
地址：Domaine national de Rambouillet, 78120 Rambouillet
门票：花园免费，城堡门票为成人 8.5 欧元，18 岁以下免费，26 岁以下欧盟市民免费。11月—次年5月的第一个周日免费。
交通：从巴黎市区的蒙帕纳斯火车站（Gare Montparnasse）乘坐火车到 Rambouillet 站下。
开放时间：周二休息。4月1日—9月30日开放时间为 9：50—12：00，13：50—18：00；10月1日—次年3月31日关门时间为 17：00。
网址：http://www.monuments-nationaux.fr

3. 卢森堡公园，一叶落而知巴黎秋

　　金色的落叶，朱红的鲜花，蓝色的天空，以及空气中弥漫不散的咖啡香气。关于秋天，你想要的一切，都可以在这个巴黎闹市中心的美丽花园中找到。

　　巴黎市区几个著名的花园中，位于协和广场和卢浮宫之间的杜伊勒里花园以大气方正闻名。它是皇室御用的园林设计大师杜伊勒里的著名作品，园中树木的树冠都按

法国皇家的传统修剪成立方体，排列得整整齐齐，气派非凡。

而卢森堡公园则不同，这里更幽静，淡雅，清净。这座巴黎市中心最美丽的公园，树木幽深，它们以一种自然的姿态生长，经过漫长的岁月而挺拔高大。林中四处散布着木头长椅，你随时可以坐下来，拿一本书读上一个下午。

除了读书，还可以在这儿晒太阳、约会、打球，甚至看展览。初到巴黎时，就曾在卢森堡公园看过莫迪里阿尼的画展。在看画之余，为公园而惊艳。从此就时时去、

月月去，即使没有相机傍身，只坐在那里发呆也是好的。

时间在这里仿佛走得异常缓慢，连鸽子都很少振翅而飞，它们更多的时候在沙地上闲庭信步，悠闲地啄食人们撒下的面包屑，或者在喷泉旁的花丛里散步躲懒。

在卢森堡公园你什么都可以不做。就像林中咖啡屋前闲坐的人们，对着一杯咖啡，满眼的落红，就可以消磨一整天。也可以做一切事情，这块都市中的绿地，其实花样百出，绝不会寂寞。进门的步道旁边正在举行青少年科技展览，远处是老人在玩流行的撞球游戏，旁边有少年恋人在树下絮语，母亲推着童车走过，儿童乐园里孩子的嬉笑声震天，小型篮球场上还可以举行比赛。但转一个弯，多走上几步，树木就可以筛去一切喧闹，这里是卢森堡公园，林木深深深几许。有一个女郎对着花木画着一小帧油画，慢慢地慢慢地画，一点儿都不着急。

参议院就坐落在公园里，相信这是世界上拥有最美花园的办公场所。每年9月的世界遗产日里，参议院和爱丽舍宫、国会大厦等平时不对公众开放的场所都会敞开大门，排队等待参观的人们往往在公园席地而坐，野餐、音乐，倒似是一次出游，等候也变成一种享受。

而国会大厦旁边的鱼池，是游客的最爱。这是公园的一个角落，树木遮天，安然静美。秋天的时候，池中有落花、树叶，鱼戏在其间，天空倒映在水面，这就是一个完整的世界，圆满的美。

离开公园时，记得去看看围栏上的摄影展，全年从不间断。某年秋天，是一个主题为"龙的一百零八面"的展览，关于中国。

无心私家攻略：

交通：卢森堡公园位于塞纳河左岸，拉丁区内。RER的B线有卢森堡站，出站即是公园大门。公园免费开放。

周边：从公园出来，可以逛逛旁边的圣米歇尔大街，附近有著名的索邦大学，还有由古老修道院改建而成的中世纪博物馆。拉丁区的咖啡馆非常出名，许多名人学者都曾经在这里留下踪影。坐在临街的咖啡馆里喝上一杯，看看雨景，是一种不错的享受。

法国篇 05

4. 枫丹白露：皇家森林的过去与现在

巴黎是这个国家的绝对中心，它的繁华喧嚣仿佛永远不会衰落。人们在这里日出而作日落而息，一样要为生活营营役役。只是法国人毕竟是最会享受的民族，到小巴黎中心的里昂车站，乘上快捷的区间快车，不出 40 分钟，就可以到达城郊的枫丹白露。这里，完全是另外一个世界。

与同样位于市区边缘的凡尔赛宫相比，我更爱枫丹白露。这里少了几分皇家威严，

遇见欧洲，遇见童话

法国篇 05

而多了广袤的森林、精致的园林、宁静的湖泊和虽然迷你但是非常可爱的城堡。

由于枫丹白露比凡尔赛宫离巴黎市区更远（距离巴黎市中心37英里，约合60公里），因此这里的游客少了许多，而整个枫丹白露小城也显得更加亲切可人。历代法国国王也同样看中这里的自然风光，于10世纪时在广袤的枫丹白露森林里盖了狩猎屋，此后即成为法国历任国王喜爱的度假胜地。

1527年，弗朗索瓦一世在此重建城堡（看，又是这位国王干的！他应该不仅仅被称为"文艺复兴国王"，还该外号"城堡国王"），并邀请意大利设计师设计内部装潢。其内部独特的装饰风格，更逐渐发展成为所谓的"枫丹白露画派"，对以后的法国绘画产生重要的影响。与欧洲同时期的哥特风格艺术相比，"枫丹白露画派"讲究色彩的明快、线条的活跃。虽然有人觉得它不够深沉太过轻松，但站在小城的阳光之下，就会觉得这样明媚的色调，本就是理所当然的。

许多法国国王在枫丹白露宫出生，也在这里过世。这座宫殿和它周围的美丽森林见证过无数著名的历史瞬间。1685年，当时在位的"太阳王"路易十四于枫丹白露宫宣布废除南特诏书，对新教徒进行镇压，加重了社会问题，并为后来的法国大革命埋下了种子。1814年，也是在这里，拿破仑自法国皇帝的宝座上退位。

夏末初秋是最适合去枫丹白露的时候。从城堡宫殿里出来，后面是广阔的园林。由于城堡远离市区，所以园林占地面积非常大，并分为几个不同的主题花园。

英国花园非常雅致，美丽的草坪，点缀着雕塑和灌木。最爱是其中的人工湖泊，湖边浓荫遍地，水中有天鹅往来。如果有兴致，还可以租一只小船在湖面漂荡，也不用划桨，就这样晒晒太阳看看天，已足够满足。

法国花园则注重修剪与造型，中心照例有大型的喷水池，当中是青铜的海神雕像。树下有许多长椅，是休闲的好去处。除了宫殿参观要收费外，花园完全免费开放。所以这里常有孩童嬉戏，父母给他们讲解国王的故事。还有女子在树下阅读，或者是镇上的居民带了便当过来野餐。

枫丹白露以森林出名，所以林中漫步自然

不容错过。其实在枫丹白露至旁边的画家镇巴比松的路上，车窗外经过的都是森林美景。法国人经常在周末合家开着车前来，找一条森林入口小道，停好车就背上露营装备步行进去，享受大自然的野趣。晚上枕着大地观星，真正达到人与自然的和谐融合。

而城堡对面的皇家森林则风格完全不同，它远比我一路见到露营森林都要美丽许多。毕竟是皇家休闲的场所，树木都是名贵品种，长得整齐高大，参天蔽日。其中还点缀了流水和喷泉，那几处著名的泉水正是枫丹白露法文名字的由来。初秋时分，树叶尽染，林中的色彩呈现出分明的层次，从淡彩到浓艳，无不相宜。

如果时间充足，游玩森林最好的方式是在火车站租一辆自行车，然后骑着它穿越在林中小道上。时而有父母带着孩童骑车从身边擦肩而过，留下一路笑声。深深呼吸着带有树木清香的甜美空气，就可以开始一次完美的绿色之旅。

如果喜欢怀古思悠，那不妨在城堡前法国花园的门口空地上买一张票，乘坐复古马车行驶在森林。想象自己是仗剑的骑士或者拖着曳地长裙的贵族女郎，马蹄嗒嗒声中，就仿佛亲身进入到一出古老的欧洲电影。

枫丹白露已然让人放松倘徉，而它近旁的小镇巴比松就更是居住的绝佳地方。

遇见欧洲，遇见童话

这里金色的阳光、茂密的树林、广阔的草场以及古朴舒适的民居，曾经吸引了无数知名画家在此定居，形成了后来的"巴比松画派"，以质朴、宁静的乡村风光和返璞归真的技法著称。米勒在巴比松画出了著名的《晚祷》、《拾穗》，卢梭在这里接受自然风格的洗礼，浓郁的乡村风情与安静平和的民风成为灵感的源泉。

我在小街上漫无目的地走走停停，从街边人家院落的篱笆可以看到里面繁盛的花草和爬满常青藤的房屋。小镇看上去似乎与每一个欧洲乡村的自然主义风格类似，但仔细看，就常常能在花木掩映中看到隐藏其中的画廊、陶瓷工坊和艺术工作室。

巴比松的农家风味比萨味道特别鲜香，就连镇上的小教堂也与众不同，原木长条的座椅和裸砖的装饰风格，都给人回归初心的感觉。

我学着当地人，在开阔的草地上席地而坐。身边是沐浴着阳光微风野餐的一家家人，孩子们嬉笑打闹，笑声朗朗，快乐就是这样简单。

枫丹白露 (Chateau de Fontainebleau)

地址：Chateau de Fontainebleau, 77300 Fontainebleau

门票：主要展区全价 11 欧元，优惠价 9 欧元，租用语音导览 2 欧元，闭馆前 1 小时进入半价；小厅及家具画廊全价 6.5 欧元，优惠价 5 欧元；导游服务 15.5 欧元（购买导游服务后可享受主要展区优惠价）。

交通：从巴黎市中心的里昂车站（Gare de Lyon）乘坐开往 Montargis Sens 或 Montereau 方向的火车，在 Fontainebleau-Avon 站下车，然后转乘巴士 Véolia BUS 1 号线往 les lilas 方向，在 Chateau 下车。

开放时间：4月至9月的开放时间为 9：30—18：00（17：15 停止进入）；10月至3月提前一小时关门，周二以及1月1日、5月1日、12月25日闭馆。

网址：http://www.musee-chateau-fontainebleau.fr

无心私家攻略：

1. 枫丹白露的花园开放至19点，而如果每月的第一个周日前往参观的话，城堡也是免费开放的。皇家森林则不限时间，随时可以进入游览。

2. 如果有兴趣，还可以前往巴比松探访19世纪中叶著名的巴比松画派成员的故居，其中以卢梭和米勒最广为人知。游客可事先在枫丹白露城堡旁边的旅游问讯处索取旅游车时刻表，车站就在问讯处的门口。但一天往来的车次较少，需特别注意时间的安排。

5. 塞纳河，另一种看巴黎的方式

如果没有塞纳河……

这是一个难以想象的假设，正如我们无法想象伦敦少了泰晤士、东京失去铁塔一样，巴黎将不再是那个熟悉的巴黎。河是城市的灵魂，这里如同天然的舞台，悲欢、分合一一上演。我曾沿着塞纳河一路走去，镜头里留下水波与桥梁，它们是河的灵魂，缄默但是沉重。

20世纪的短命天才诗人阿波利奈尔曾经咏叹过塞纳河上"一群哭泣的桥"，他的情怀未免太伤感。其实每座桥都是一段故事，或温情或浪漫，还有时光的痕迹一一写下来。

如果有机会坐上塞纳河的游船，走上二层的露天甲板，风从河上吹来，耳边是温柔的法语解说，娓娓道来两岸的风光，还有美桥的传说。

米拉波桥（Pont Mirabeau）——最具浪漫气质的桥

阿波利奈尔（Guillaume Apollinaire）那首非常美的短诗《米拉波桥》，是描写巴黎昔日风流和塞纳诗情的最好范本：

米拉波桥下
塞纳河水荡漾
我们的恋情萦绕心怀

……

过往多少个日子，多少个礼拜

逝去的时间与爱

都不再复返

只有米拉波桥下，塞纳河水波流淌……

这首诗现在就刻在桥侧的大理石上，配上阿波利奈尔的小小头像，让每一个经过的路人、游客都忍不住跟着轻念一遍，远远地想象那已经逝去的浪漫年代。

桥身由青色的钢铁铸成，满是旧工业时代特有的螺纹、铆钉，而如今看来，也平添了几分沧桑的意味。两边的桥墩各有两个青铜雕刻的海之女神像，祈祷风平水静，平和地守候着塞纳河。

从米拉波桥向东看去，不远处就是一个缩小版的自由女神像。身在自己真正故乡的女神，与美国纽约那尊不同的是，她高举着火炬，背后是埃菲尔铁塔映衬下的天空，那欧洲特有的时而阴霾时而晴朗的天空。

塞纳河流淌到米拉波桥，这一段的河岸最宁静。没有太多游客的足迹，更没有喧嚣的市井声音。巴黎人每日从桥上来回，神色习以为常。其实这城市的日常生活本就这样，在附近的露天咖啡座喝杯 Espresso，买一束小小的雏菊，在归家的傍晚带一根长棍面包。无论世事如何更迭，米拉波桥下，塞纳河水依然轻波荡漾。

● 附近看点：

埃菲尔铁塔：在这座城市的大部分地方，都能看到铁塔的身影。从米拉波桥看过去，铁塔在傍晚的雾气中有一点模糊，仿佛某个很久以前做过的梦。

自由女神像：它是美国纽约那尊自由女神像的原版，源自法国大革命的"自由"，直到今天也依然在诠释着法国的三大精神之一。

交通：地铁 10 号线 Mirabeau 站

比阿盖姆桥（Pont de Bir-Hakeim）：盗梦空间的旅程

比阿盖姆桥是一座横跨塞纳河的双层桥，上层是地铁 6 号线的轨道，下层通汽车、自行车和行人。沿着人行道而过，在河的中央处伸出了一个平台，上面是一尊青铜雕像，策马奔驰，手执长矛，而前行的方向，正是铁塔。

电影《盗梦空间》中，莱昂纳多·迪卡普里奥带着艾伦·佩吉来到比阿盖姆桥，在这里模拟出一个虚幻而又真实的奇妙空间，从此，人们常以"盗梦空间桥"来称呼它。

而对我来说，它是巴黎最能够"看得见风景的旅程"。每一次经过比阿盖姆桥，都是在 6 号线的列车中。巴黎的地铁如同一座庞大的地下迷宫，14 条地铁、5 条 RER 快线几乎把触角伸到了城市的每个角落。我最爱的还是 6 号线，一路上常可钻出黑暗的地下，甚至行在半空中。第一次乘地铁经过比阿盖姆桥时，只觉两边的房屋忽然掠到后面，眼前出现大片空阔的天地，塞纳河就这样坦然地涌入视野，而仿佛伸手可触的铁塔几乎刺痛了我的眼睛。

以后看过无数次这样的风景，有时衬着清晨的薄雾，有时水波倒映夕阳的霞光。没有例外的是，每一次的经过，满车厢的人，无论是巴黎人还是外来游客，无不屏息转头凝视，在心中发出长长的喟叹。

附近看点：

天鹅小径（Allée des Cygnes）：这里被称为巴黎爱侣们的秘密花园，从比阿盖姆桥走下几级梯级就到了。在那安安静静的绿荫下散步，水光城色，一切都是那么诗情画意。

交通：地铁6号线Bir-Hakeim站。

阿尔玛桥（Pont de l'Alma）：纪念美丽的逝去

从比阿盖姆桥一直向东，很快就可以到达阿尔玛桥。

阿尔玛本是克里米亚的一条河名。1854年英法联军与沙俄军队进行了会战，1856年法军凯旋，正值该桥工程竣工，故命名为"阿尔玛桥"。桥墩上有4座法国士兵的雕塑，而名叫"如阿夫"的雕像，由著名雕塑家迪鲍尔所作，如今"如阿夫"已成为塞纳河水位的标记。

阿尔玛桥是塞纳河上最"新"的桥梁之一，其设计非常简洁，没有过多的雕饰。那段与沙俄军队的交战史也已经很少有人知道，它只是默默承担着交通与测量塞纳河水位的使用功能。它因为是戴安娜王妃殒命的所在而"一夜成名"。1997年8月31日凌晨，戴安娜与男友多迪离开旺多姆广场上的里兹酒店后，行驶到阿尔玛桥右岸的隧道时，车辆撞到隧道内的第13根柱而身亡。

如今在桥边竖起了一座火炬状的纪念雕像，金色火焰在阳光下闪光耀眼。雕像的基座上始终都有人摆上鲜花。斯人已去，可芳容仍犹在目。

法国篇 **05**

● **附近看点：**

　　巴黎下水道博物馆：位于阿尔玛桥南桥堍的拐角处。博物馆入口是一个极为平常的环卫工人检修下水道的入口。游人沿着螺旋铁梯走下去，再经过一段窄窄的巷道，就来到了被称为"城下之城"的下水道世界。这里曾经是《悲惨世界》中的逃亡之路，现在仍能看到累累白骨。现代艺术博物馆，位于阿尔玛桥右岸，定期或不定期举行各种摄影、绘画、影像等现代艺术展览。

　　交通：地铁9号线Alma-Marceau站。

亚历山大三世桥（Pont Alexandre Ⅲ）：瑰丽的金色盛宴

　　协和广场附近的亚历山大三世桥，是塞纳河上最富丽堂皇的一座桥。
　　它是当年俄国沙皇尼古拉二世为了表示法俄亲善而送的礼物，大桥的名称也得自

亚历山大三世桥

269

尼古拉二世的父亲亚历山大三世。桥柱顶端是金色的天使，阳光下总是美得咄咄逼人。而时至黄昏，一切都镀上一层红色，那份招摇就沉淀下来，洗去了铅华，变得淡然。

大皇宫　　　　　　　　　　　　　小皇宫

我很多次拍过这座桥。上一回，是即将结束在欧洲的生活返回国内前。那日的黄昏美得惊心动魄，许多年后，很多人与事会渐渐模糊淡忘，而我不会忘记，曾有过这样瑰丽的黄昏，这是巴黎曾在心里铭刻下的深深痕迹。

十年后，我重返巴黎。这一次是一个旅行者，用一个过路人的眼光，再一次欣赏亚历山大三世桥，看，世事就是这样兜兜转转。而我们总能回到心心念念的地方。

● **附近看点：**

金碧辉煌的大皇宫（Grand Palais）和小皇宫（Petit Palais），这不但是波旁王朝无上尊荣的象征，且在欧洲政治和建筑史上，恐怕也找不到第二座可与之抗衡的宫殿。圆顶镶金的黑檐，曾是君临欧陆两百年的权力中枢。浓郁的历史感便在日落时分满溢而出，一如没落感伤的紫禁城。

交通：香榭丽舍大道向南。地铁1号线 Champs-Elysees Clemenceau 站。

卡卢索桥（Pont Carrousel）：骑兵通往卢浮宫

卡卢索桥的中文译名一直有些争议。因为桥的一端通向的 Place du Carrousel 被译为"骑兵广场"，所以人们常常把它称为"骑兵桥"。有时，也会把它叫作"卢浮宫桥"，因为另一端的桥头直面卢浮宫。

法国篇 05

　　如今，这座建于 1831 年的桥，两端各保留了两座 17 世纪的雕刻，北侧是"工业"和"富足"，南侧则是"巴黎市"与"塞纳河"。更重要的是，这座桥连接起巴黎最重要的两大博物馆卢浮宫和奥塞美术馆，从古代文明的智慧到近代印象派的光影，就这样在卡卢索桥上相遇、碰撞。

🎈 附近看点：

　　卢浮宫：卢浮宫原来是法国王宫，曾居住过数十位法国国王和王后。现在是卢浮宫博物馆，拥有的艺术收藏达 40 万件以上，包括雕塑、绘画、美术工艺及古代东方、古代埃及和古希腊罗马等 7 个门类。

　　奥塞博物馆：巴黎三大艺术宝库之一，主要收藏 19—20 世纪上半叶的艺术作品。尤其以这一时期的雕塑、印象派画作以及室内装饰为特色。奥塞博物馆的建筑曾经是巴黎市区的一座火车站，后被改建成博物馆。它的藏品数量比卢浮宫少而精，不会带来过大的参观压力和审美疲劳。

　　交通：乘坐 RER C 线，到 Musee d'Orsay 站。

新桥（Le Pont Neuf）

在巴黎的发源地西岱岛，连接这座河上小岛以及塞纳河两岸的，就是新桥。事实上它现在是巴黎最古老的一座桥，于1578年亨利三世时期奠基，直至1606年亨利四世在位的时候建成。在当时的确是"新"的，而时光流去，那些比它更古老的桥都已经不复存在了。它的故事却仍在继续，可以诉说新教与天主教的争斗，也可以上演《新桥恋人》，爱情与信仰都曾经纠缠在这里，更多的逸事却已经散失在历史的缝隙中，再不可寻。乃至于法语中，将"经久耐用"的东西，说成是像 Pont Neuf 一样，即历久弥新之意。

新桥有很多个"最"：塞纳河上现存最古老的桥、最长的桥（长238米，宽20米。桥有12个拱，桥下的岛像尖刀似的伸向塞纳河，将河一劈为二），它还是塞纳河上第一座桥面上没有建房屋的石桥。由于没有房屋，桥面宽度达到当时罕见的28米，并新增了人行道。人行道两侧都装饰以半圆形的休憩座位，在电影《新桥恋人》中，一度流浪街头的女主角，就是露宿在这些半圆形石头座椅上的。

附近看点：

巴黎圣母院：始建于12世纪的巴黎圣母院，位于巴黎的发源地西岱岛，是天主教巴黎教区的主教教堂，或许也是世界上最出名的一座教堂。法国大革命之后，圣母院一度受损严重，后来因雨果的不朽名作《巴黎圣母院》，而获得了无数巴黎市民的捐款，得以整修如新。

圣礼拜堂（La Sainte-Chapelle），同样位于西岱岛。这座哥特式教堂建于13世纪，原本是为了存放路易九世购买的耶稣受难时的圣物。教堂最大的特色是其二层的彩绘玻璃，在阳光下极其梦幻，如置身天堂。

交通：地铁 7 号线 Pont Neuf 站。

艺术桥（Pont des Arts）

曾经是塞纳河上我最爱的一座桥，因为它最美。

墨绿色的纤细钢架支撑，杉木板步道，上面有行人长椅和灌木盆栽，还有各种定期露天图片展览，是整条河最优雅安静的所在，有着"塞纳河上的花园"之称。夏日的某个夜晚，和相熟的法国少年自桥上而过，塞纳河的游船从脚下轻轻划过，灯火透过木

板的缝隙闪耀着，就如站在无边的夜空之上，忍不住要为之叹息。

当年，艺术桥上总有许多艺术家在此即席创作，也常能看见露天图片展览，不负其"艺术之名"。可惜的是，最近几年艺术家突然变成了"情人锁桥"，来自世界各地的情侣们把一把把锁拴在艺术桥的栏杆上，密密麻麻的锁毫无美感，完全破坏了它原本的清新、雅致与浓郁的艺术气息，沉重的分量甚至一度令桥梁护栏发生坍塌，实在令人扼腕痛心不已。

交通：地铁 M1 线至 Pont Neuf 站，新桥往西走的第一座桥即是。

双倍桥（Pont au Double）

巴黎最小巧玲珑的桥梁之一。

双倍桥有非常特别的木头颜色，在永远灰色或者青铜色的塞纳河桥梁中，显得格外与众不同，它建于 17 世纪，专门供当时在旁边的教会医院里的修女使用。因为照料病人的嬷嬷们必须在河边清洗医院里的衣物，需要方便地往来于两岸同时又不能妨碍行人，于是政府规定桥宽的 1/3 供行人行走。由于禁行的桥宽恰恰是步行道的两倍，桥名便由此而来。

如今嬷嬷虽然不见了，但步行桥的传统依然保留了下来。桥中央宽阔的空间，现在成了玩滑板的少年和手鼓艺术家们的天地。

● 附近看点：

这一带的塞纳河岸上聚集了许多旧书摊，这些旧书摊可是最具有巴黎风情的象征物之一。可以买到很多老海报、画报和旧书，一窥数十年前的巴黎风貌。

邻近的纪念品商店也鳞次栉比，在这里买买明信片或者其他旅游纪念品，作为手信带回国也是很不错的选择。

交通：乘坐RER B线或者RER C线，在其交会站St-Michel Notre-Dame站下车。

圣母院桥（Pont Notre Dame）

圣母院桥由两岸分别向河中伸出一段石头墩柱，中间是一段优美的金属弧度，青灰色充满了质感。

正是这并不被太多人注意的圣母院桥，连接着巴黎的两个中心——巴黎圣母院和市政厅。前者代表神的领域，而后者则是世俗世界的心脏。正是巴黎圣母院与市政厅，从政、教两方面，统治着这座欧洲大陆最伟大的城市。而将它们联系在一起的圣母院桥，难道不是一座奇妙之极的桥梁吗？

附近看点：

巴黎市政厅（Hôtel de Ville）：1533年，当时的法国国王、雄心勃勃的文艺复兴君主弗朗索瓦一世决定要给巴黎——当时欧洲最伟大的城市，建造一座配得上其地位的市政厅。地点选在了塞纳河右岸的一处鹅卵石滩，这里曾经是水运卸货码头，后来渐渐成为巴黎市民聚集时常去的地点。与圣母院隔着塞纳河相望，可谓黄金地段。作为巴黎的政治中心，这座规模庞大的、宫殿一般的建筑，见证了许多历史瞬间。

交通：地铁1号线、11号线 Hôtel de Ville（市政厅）站。

伊尔纳桥（Pont d'Iéna）

两百年前，拿破仑下令建造伊尔纳桥来纪念1806年他对普鲁士人战争的胜利，这就是伊尔纳桥的缘起。到了1900年，由于交通量的增加，也为了满足世界博览会的需要，人们扩建了这座桥。

法国篇 05

连接了埃菲尔铁塔和夏约宫的伊尔纳桥，因为桥两端的两座标志性建筑，人们常常会忽略了桥本身。但是只要你曾经在伊尔纳桥上走过，便会深深感叹埃菲尔的壮观与塞纳河的浪漫。每当晴天的傍晚，站在桥上看着夕阳落入河的那一头，醉人的烟紫色笼罩着塞纳河，是最令人难以忘怀的情景。

● 附近看点：

埃菲尔铁塔（la tour Effel），它是为迎接巴黎世博会以及纪念法国大革命100周年而造。这座全钢铁建筑建成之初充满了争议，许多人认为它破坏了巴黎天际线的优雅。但时至今日，埃菲尔已经成为巴黎乃至法国的象征。

夏约宫：与埃菲尔铁塔一样，夏约宫也是为了巴黎世博会而建造的。这座如同张开的翅膀、拥抱着塞纳河的建筑，如今里面是四座博物馆。特别推荐其中的法国建筑文化遗产博物馆，里面有从法国各地拆来保存的最精美建筑遗迹。

塞纳河游船：伊尔纳桥附近是塞纳河游船的起点站/终点站。乘上游船，从另一个角度来欣赏塞纳河，是一种别样的体验。

交通：地铁6号线和9号线的交会处Trocadero站。

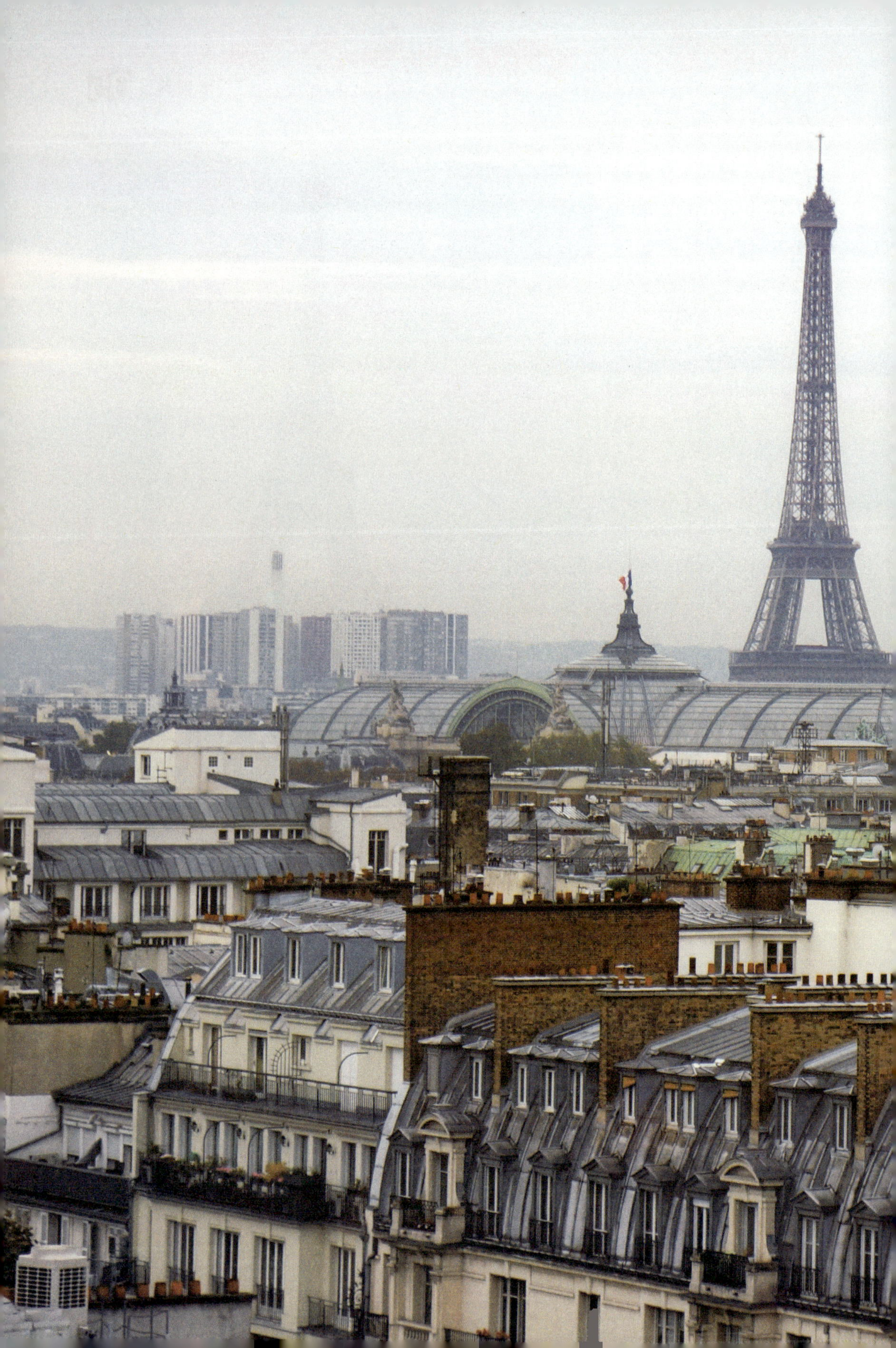

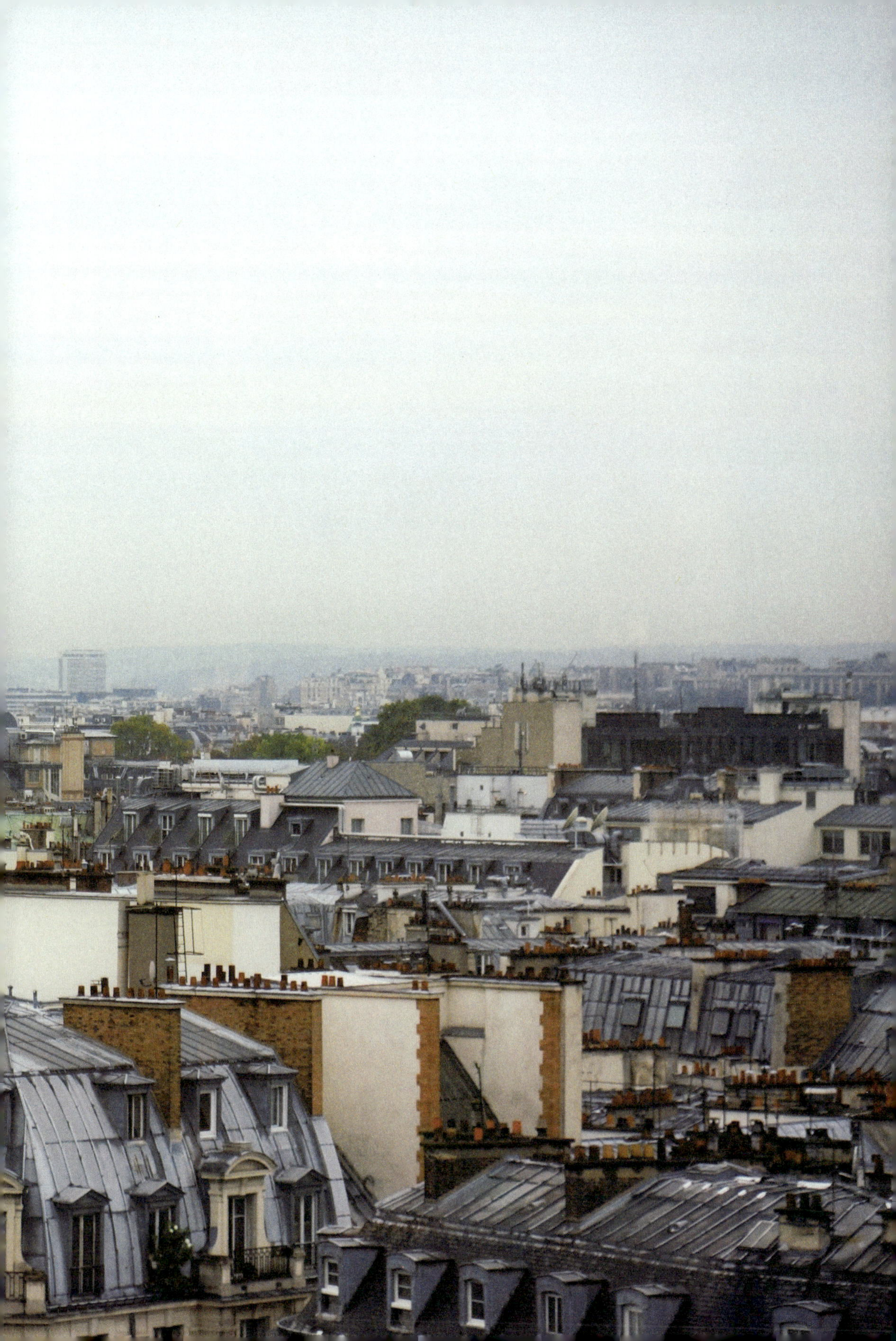